Sabine Zett
Mister Dog

Sabine Zett

Mein geheimes Tagebuch

Mit Illustrationen von
Eleonore Gerhaher

Mister Dog
Mein geheimes Tagebuch
ISBN 978-3-96129-005-5

Edel Kids Books
Ein Verlag der Edel Germany GmbH
Copyright © Edel Germany GmbH, Neumühlen 17, 22763 Hamburg
www.edel.com
1. Auflage 2019

Lektorat: Christiane Rittershausen
Projektkoordination: Anna Madouche
Text: Sabine Zett
Umschlag- und Innenillustrationen: Eleonore Gerhaher
Umschlaggestaltung: Janina Michna, designGUT Grafikdesign
Layout und Satz: Büro 18, Friedberg
Herstellung: Frank Jansen
Druck und Bindung: GGP Media GmbH, Pößneck

Printed in Germany

Für meine Familie!

Ohne Spaß ist das Chaos nicht perfekt!

Dieses Tage-Wuff (Vorsicht, bissiges Wortspiel!)

VORSICHT, WITZIGER HUND!

gehört **Mister Dog,**
dem coolsten Hund der Welt,

also **MIR !!!**

Pfoten weg!

Wer außer mir hier herumschnüffelt,
wird angesabbert, angebellt und angebissen!!!

GEHEIME
NAPFMELDUNG

15 Uhr

Wie bin ich nur hier hineingeraten?
Wie konnte das **passieren?**
Ich stecke in der Klemme, und zwar im
wahrsten Sinne des Wortes!!!

Genau genommen bin ich eingequetscht unter dem
Computertisch von Jonas und habe es irgendwie
geschafft, mich in sämtliche Kabel einzuwickeln.

ICH KOMME NICHT MEHR RAUS!!!

Bewege ich mich vor, so droht sein ganzer PC herunterzufallen. Er ist schon ein ganzes Stück auf dem

Tisch gewandert. Der Bildschirm hat sich auch schon verdächtig nach vorne geneigt.

Bewege ich mich aber zurück, so ziehe ich gleichzeitig an dem Drucker, der schon jetzt halb draußen hängt! Also lieber nicht weiterkriechen!

WAS TUN?

Will ich mich aufrichten, so hebt der ganze Tisch mit mir zusammen ab, und alles wackelt!

DENK NACH, SUPERBRAIN!

Rechts und links passe ich leider nicht durch, und außerdem stecken meine Pfoten zwischen ganz vielen Kabeln und meinem Mantel.

JA, RICHTIG GELESEN.

MANTEL.

ICH ALS HUND HABE EINEN **MANTEL** ANGEZOGEN.

NEIN, ICH BIN NICHT VERRÜCKT GEWORDEN!

ICH BIN AUCH KEIN SONDERLING!

Aber zugegeben, ich trage nun mal einen Menschen-Mantel. Es ist eigentlich kein richtiger Mantel, sondern eher ein Umhang.

Okay, ich gestehe die ganze, peinliche Wahrheit:

Ich trage einen Zorro-Mantel und den passenden, schwarzen Hut auf meinem Kopf.

ICH WEISS!

 Ich bin ein Hund und habe mich als Zorro verkleidet. Freiwillig und heimlich ...

Nur die Maske habe ich nicht allein über meine Augen bekommen - da kann ich jetzt eigentlich froh sein ...

Und das nur, weil ich diesen bescheuerten Papagei ärgern und erschrecken wollte!!!

Doch eingezwängt unter diesem Tisch sehe ich vermutlich so richtig blöd aus. Erschrecken kann ich heute niemanden mehr.

ICH,
MISTER DOG,
DER COOLSTE HUND DES UNIVERSUMS,
DER BOSS,
DER MACHER,
DAS SUPERBRAIN DER HUNDEWIESE ...

HABE MICH MAL WIEDER IN EINE ÄUSSERST AUSWEGLOSE
LAGE GEBRACHT.

Katastrophe!

Vermutlich ist jetzt der Punkt erreicht, an dem Kai
endgültig ausrastet. So eine Blamage!
ICH KÖNNTE JAULEN! UND KNURREN! UND BELLEN!
VOR ANGST UND VOR WUT!

jaul

ABER DANN KOMMEN ALLE UND
SEHEN DIE BESCHERUNG!

Nur wie schaffe ich es, mich von Tisch, Kabeln und Zorro-Mantel zu befreien, ohne dass irgendein Teil des Computers dabei herunterfällt?
Wenn das nämlich passiert, dann ist das garantiert mein Ende.

Warum habe ich nicht **NACHGEDACHT**, bevor ich mich hier hineingezwängt habe???!!!
Ich wollte doch jede brenzlige Situation vermeiden!

Dabei hat alles so gut begonnen ...

Aber der Reihe nach ...

16. Januar, 20 Uhr

WIE FÄNGT MAN AM BESTEN AN?

Hallo, liebes Tagebuch **(oder Tage-Wuff, ha, ha, ha, ein kleiner Insider-Witz, von mir selbst ausgedacht!)**, mein Name ist Wuschel.

Ja, Wuschel.

ICH WEISS SELBST, DASS DER NAME NICHT BESONDERS COOL, SONDERN EHER NIEDLICH IST! UND NIEDLICH WILL ICH GAR NICHT SEIN.
Manchmal nennt Frauchen mich auch Wuschel-Kuschel und Wuschi-Kuschi oder auch Wuschi-Schatzi oder gar **Knuddel-Wuschel-Spätzchen.**

ÄTZ!
WÜRG!
BRECH!

Würg!

WAS FÜR UNCOOLE NAMEN
FÜR EINEN COOLEN HUND WIE MICH!

Ich würde viel lieber Danger-Dog oder Power-Dog heißen! Ich bin schließlich groß und stark und klug. Der geborene Macher und Boss - und kein Wuschi-Kuschi-Sushi-Kleines-Würstchen-Etwas.

OHREN ZU!
MIMIMI!
ICH HÖRE NICHTS!
OHREN AUF DURCHZUG GESTELLT!

(**Es sei denn,** es gibt etwas zu essen, dann ist es mir egal, was sie zu mir sagt. Mein Magen muss immer schön gefüllt sein, dann läuft auch alles.)

Ich lebe bei Frauchen in einer kleinen Wohnung in der Innenstadt. Wenn wir rausgehen, muss ich immer auf die Autos aufpassen, die ziemlich schnell an uns vorbeisausen. Sie sind ganz schön laut und parken auch meist zwischen den zwölf Bäumen, die hier in der Straße wachsen.
Können die nicht woanders ihre Reifen reinstellen? Frauchen sagt, es sei ein wenig anstrengend für sie, so oft mit mir rauszugehen, aber ich sei ein richtiger Stadthund und würde mich gut mit dem Verkehr und den Ampeln auskennen.

Lob freut mich immer, aber manchmal überlege ich mir, wie es wohl wäre, ein Familienhund zu sein, irgendwo im Grünen, wo es viel mehr Bäume und Büsche und Wiesen gibt.

Mit vielen Menschen im Haus, großen und kleinen ...

Ob ich das gut finden würde?

ABER DANN HÄTTE MAN AUCH NIE SEINE RUHE, ODER? Frauchen geht mit mir hin und wieder in den Stadtpark, wo es viel schöner ist als bei uns in der Straße, aber das tut sie nur bei gutem Wetter und wenn sie gut gelaunt ist.

Im Park hat man richtig viel Platz!

Dort erzählen mir die anderen Hunde immer wieder, wie toll es sei, mit Kindern zu toben und um die Wette zu rennen.

15

Frauchen tobt nicht, und sie rennt auch nicht. Sie hat keinen Mann und keine Kinder, und deshalb ist es in der Wohnung meistens ruhig. Ab und zu bekommt sie Besuch von ihren Freundinnen, aber dann werde ich meistens aus dem Raum ausgesperrt, wo sie zusammensitzen.

Aber Frauchen ist sehr nett, das muss ich schon zugeben.

Sie füllt meinen Napf immer bis zum Rand,

geht mit mir regelmäßig spazieren, krault mich ab und zu hinter den Ohren und lässt mich fernsehen, solange ich will.

Sie sitzt dann meist auf dem Sofa und schnarcht, und ich haue mit meiner Pfote so lange auf die Fernbedienung, bis eine Sendung kommt, die mich interessiert.

EIN SCHÖNES, RUHIGES HUNDELEBEN.

Ich schaue gern fern, am liebsten diese Quiz-
Sendungen, weil man da immer etwas lernen kann.
Und ich liebe Castingshows. Da jaulen die Leute ganz
schön schräg und wissen gar nicht, wie blöd sie sich
anhören!

Kochsendungen sind dagegen die reinste Qual.
Essen auf einem Bildschirm zu sehen, ohne es zu riechen
und ohne PROBIEREN zu dürfen!!!

Wer hat sich so einen Unsinn ausgedacht?

Frauchen dagegen guckt sich das immer total gern an,
da gehen unsere Geschmäcker total auseinander.

Frauchen ist ein komischer Name, finde ich. Immer sagt sie „Frauchen macht dir was zu essen" oder „Frauchen geht mit dir Gassi." Also heißt sie Frauchen, obwohl andere sie Klara nennen, was irgendwie seltsam ist. Vielleicht ist es ein Doppelname?

Frauchen-Klara. Oder Klara-Frauchen.

Jedenfalls bin ich ...
Ja, was für ein Hund bin ich eigentlich?

Ein GROSSER Hund.

Sehr groß.

Mit vielen Haaren.
Sehr vielen Haaren, überall, auch vor den Augen.
Sie sind schwarz und weiß und liegen ganz durcheinander.
Manchmal verliere ich welche - da kann ich aber nichts dafür!

Aber ich denke, ich sehe ganz gut aus.

Ich habe auch einen großen Kopf.
  Mit viel Gehirn.
Deshalb denke ich ständig nach.
    Über alles.

Denken ist mein Hobby. Essen ebenfalls.
Und weil ich so bin wie ich bin, kann man
mich zum Fressen gernhaben, hi, hi, hi
(ja, **WITZIG** bin ich nämlich auch!!!).

Frauchen und ich verstehen uns gut, aber ich weiß nicht
so recht, warum sie mich überhaupt haben wollte. Sie
geht nämlich sehr oft auf irgendwelche Reisen und hat
dann, wie sie immer sagt, „ein Problem":

Wohin mit mir?

ICH HABE DANN AUCH IMMER EIN PROBLEM, DENN DAS
MAG ICH GAR NICHT!

Doof!
Blöd!!

Leider nimmt Frauchen mich nämlich
nie mit, sondern verfrachtet mich in so eine
blöde Hunde-Pension, ob ich will oder nicht.

 **Ich will nicht!**

Dort fühle ich mich **nie richtig zu Hause** und muss mir die Räume und mein Essen mit anderen Hunden teilen. Frauchen sagt, das sei so etwas wie eine lustige Klassenfahrt, aber das verstehe ich nicht, denn auf einer Klassenfahrt bin ich noch nie gewesen, und lustig finde ich es überhaupt nicht. Ich habe immer Heimweh und kann es kaum erwarten, wieder abgeholt zu werden.

ABER JETZT LÄUFT BEI UNS EIN **RIESENDING** AB.

Frauchen hat nämlich seit einiger Zeit neue Reisepläne. Ihre Explosionsfrisur-Freundin hat sie zu einer langen Reise nach Asien überredet. Ich nenne diese Frau so, denn ihre Haare sehen immer so aus, als wäre darin etwas explodiert - alles steht einfach irgendwie nach oben.
PENG! DOING! CRASH! FRISUR IM ... Ach, lassen wir das lieber.

PENG!

Besonders sympathisch war mir die Explosionsfrisur-Freundin noch nie, denn sie mag keine Haustiere mit Haaren. Vor allem keine Hunde.

Ein absolutes **No-Go!**

Und jetzt plant ausgerechnet die mit Frauchen einen
Urlaub, der einen ganzen Monat dauern soll!

EIN MONAT!
 DAS SIND VIER GANZE WOCHEN!
  28 TAGE!
   672 STUNDEN!
    40.320 MINUTEN!

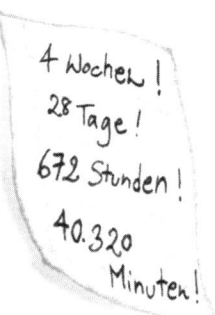

DAS IST GANZ SCHÖN VIEL ZEIT!

„Ich weiß nicht, was ich mit Wuschel machen soll",
sagte Frauchen neulich. „Die Hunde-Pension
ist leider schon ausgebucht, und die anderen
Tierhotels sind mir für so eine lange Zeit
zu teuer. Wohin diesmal mit ihm?"

Die Explosionsfrisur-Freundin nieste und sah zu mir he-
rüber. „Du meinst, mit diesem Riesensabberzottelding?
Das hättest du dir überlegen müssen, bevor du ihn dir
angeschafft hast."

Also als „Riesen-Sabber-Zottel-Ding"
lasse ich mich nicht von diesem ...
diesem ... **EXPLODIERTEN KOPF-
KISSEN** bezeichnen!

21

„Ja, ja", antwortete Frauchen und seufzte.
„Aber damals wusste ich nicht, dass ich mal so gern verreisen würde. Ich wollte Gesellschaft haben, und er ist ganz pflegeleicht."

Die Explosionsfrisur-Frau zuckte mit den Schultern.
„Pflegeleicht? Mit diesen vielen Haaren?
Tja, dann musst du zusehen, dass du ihn unterbringst, ist doch klar."

Ein Monat in der Hunde-Pension wäre ein **Albtraum**, aber ich mag auch den Gedanken nicht, dass ich irgendwo **UNTERGEBRACHT** werde!!!
Untergebracht ist so ein blödes Menschen-Wort!
Die Weihnachtsdekoration bringt mein Frauchen in drei Kisten auf dem Schlafzimmerschrank unter.
Die Einkaufssachen bringt sie im Kühlschrank unter.

Aber mich???
Für einen ganzen Monat???

Ich konnte deswegen nicht mehr richtig schlafen und habe mir ständig Sorgen gemacht, auch wenn ich das niemals offen zugegeben hätte.

Ein  Danger-Power-Dog

hat doch keine Angst!!!

Aber ich hatte welche, **ganz viel sogar!!!**

Vorgestern habe ich dann im Fernsehen gesehen, wie irgend so ein Doktor meinte, dass ein Tagebuch helfen kann, seine Gedanken und Gefühle besser zu verarbeiten und seine Ängste zu besiegen.

Da dachte ich:
HEY, DANGER-DOG, DAS HÖRT SICH DOCH GUT AN. DAS IST VIELLEICHT DIE LÖSUNG, UM NICHT KOMPLETT DURCHZUDREHEN.

Der Tipp dieses Doktors leuchtete mir ein, und ich fange jetzt einfach mit einem Tagebuch an. Oder sollte ich es „Dog's Diary" nennen?

Hihi - very international!

DOCH WEHE, jemand lacht mich deswegen aus!
Und WEHE, jemand schnüffelt in meinen Sachen herum!
Auch ein Hund hat ein Recht auf Privatsphäre!!!!

Es reicht ja schon, dass mir ständig jemand zusieht,
wenn ich mal muss! Überall stehen die Leute neben
ihren Hunden herum - am Gebüsch, auf der Wiese, im
Park! Da möchte man am liebsten rufen:

„Habt ihr nicht alle Knochen beisammen?"

Hallo???!!!
Euch schaut doch dabei
auch niemand zu!!!

ICH BIN FÜR RICHTIGE HUNDE-TOILETTEN, die man
abschließen kann. Und wo einer davorsitzt, ein Schäfer-
hund vielleicht, der schön für Ordnung sorgt und ein
bisschen Geld sammelt, für ein paar extra Leckerlis
zum Beispiel.

**Notiz an mich: Hunde-Toiletten einführen
(falls ich mal in die Politik gehe)!**

22. Januar, 11 Uhr

Ich weiß nicht, ob ich mich freuen oder immer noch
Angst haben soll, deshalb belle ich ganz aufgeregt,
sobald ich draußen Schritte höre.

SIND SIE DAS SCHON???

Gestern hat Frauchen in der Küche lange telefoniert
und die Tür geschlossen gelassen. So ein Mist!
Ich konnte überhaupt nichts verstehen!
Also lag ich auf dem Boden und
starrte auf den Fernseher, wo
irgendeine Serie über einen
Arzt lief.

Langweilig!

Dann kam sie heraus, streichelte
über meinen Kopf und sagte:
„Wuschelchen! Ich werde länger als
sonst verreisen und kann dich nicht
mitnehmen." Sie machte eine Pause.
„Aber ich habe dich unterbringen können ..."
Ich spitzte die Ohren.

WAS WÜRDE SIE JETZT SAGEN?

„Also **Wuschi-Kuschi-Buschi**", fuhr Frauchen fort, und ich verdrehte die Augen. „Du gehst zu meinem Neffen Kai Dorlinger. Er hat sich bereit erklärt, auf dich aufzupassen. Na ja, noch nicht ganz bereit erklärt, aber er zieht es in Erwägung. Sie kommen alle morgen vorbei und wollen dich kennenlernen.

Du musst dich also richtig gut benehmen, hörst du? Ich werde die Reise schon bald antreten und weiß sonst wirklich nicht, wohin mit dir."

Welcher Neffe???

Hatte sie ihn schon jemals erwähnt???

Ich wedelte mit dem Schwanz und sah Frauchen verständnislos an. Von einem Neffen war bisher nie die Rede gewesen! Was bedeutete es, dass dieser Kai Dorlinger es nur in Erwägung zog? **Und wer waren „alle"?**

Ich wartete auf eine weitere Erklärung, die aber nicht kam.

Deshalb liege ich jetzt hier auf dem Fußboden im Flur und achte auf jedes Geräusch von draußen.

Frauchen ist nervös, das kann man sehen, und ihre Aufregung überträgt sich auf mich. Sie hat fünfmal das Wohnzimmer gesaugt, und das macht sie nur, wenn sie etwas beschäftigt. Außerdem hat sie einen Kuchen gebacken, was so gut wie nie vorkommt, den Tisch perfekt gedeckt und schon dreimal bei geschlossener Küchentür mit ihrer Explosionsfrisur-Freundin telefoniert.

WAS HAT DAS ZU BEDEUTEN?

ES KLINGELT!!!

Ich belle, und Frauchen rügt mich scharf:
„Aus! Pfui! Sei ruhig, Wuschel, sonst nehmen sie dich nicht! Kai mag eigentlich keine Hunde, und er hat noch nicht zugesagt, es hängt also alles von dir ab!"

Ich kann diese Information gar nicht so schnell verdauen, aber dieser Kai ist mir jetzt schon total unsympathisch.

Wieso mag der keine Hunde???

Ich kann nicht aufhören zu bellen, es ist, als hätte jemand einen Knopf gedrückt, der sich nicht ausschalten lässt. Ich bin eben auch nervös und so macht es sich bemerkbar. Wenn ich könnte, würde ich auch lieber fünfmal den Teppich saugen, aber da ich ein Hund bin, **belle ich nun mal.**

WUFF!

WAS WOHL MIT MIR PASSIEREN WIRD?

Immer noch **22. Januar, 20 Uhr**

ICH BIN **FIX UND FERTIG!**

ES IST NICHT NUR KAI!

SIE SIND EINE GANZE FAMILIE!

Als die Tür aufging, liefen als Erstes drei Kinder herein.
Sie hatten alle blonde Haare, und man sah ihnen sofort
an, dass sie Geschwister waren. Der Älteste
war ein etwa elfjähriger Junge, der
ein Fußballtrikot trug, gefolgt von
einem Mädchen. Sie war nur ein
Stückchen kleiner als ihr Bruder
und trug ein Käppi über dem langen Haar. Vor sie drängelte sich ein
deutlich kleinerer Junge in einer
Ringelhose, der ein Laserschwert in
der Hand hatte.
Ich dachte nur:

WER VON IHNEN IST KAI???

29

Aber bevor ich es herausfinden konnte, krähte der kleine Junge: „**Ein Pony!** Es ist ein Pony, Papa! Das will ich unbedingt zum Reiten haben!" Er lief auf mich zu und zog kräftig an meinem linken Ohr.

„Boah, bist du riesengroß! Ich will sofort auf dich drauf!"

ES TAT WEH!!!

AUA!!!

PFOTEN WEG!!!

Ich jaulte kurz auf und schüttelte mich. Da verlor der Junge sein Gleichgewicht, plumpste hin und fing sofort an zu heulen. „Das Pony hat mich umgeworfen!", schrie er. „Ich will es doch nicht haben! Mein Laserschwert wird das Pony töten!"

Ich schaute erschrocken zu dem Kleinen und dann zu dem Mann, der plötzlich neben mir stand. „Hast du dir wehgetan, Luke? Mein Gott, der Hund ist ja riesig, Tante Klara!", rief er und half dem Jungen hoch. „Und er scheint **gefährlich** zu sein! Ich glaube nicht, dass wir so einen Riesenhund aufnehmen ..."

Das Mädchen schaltete sich ein. „Aber, Paps! Der Hund hat nichts gemacht! Er ist ganz bestimmt nicht gefährlich! Guck ihn dir richtig an, er sieht so lieb aus! Den wollen wir auf jeden Fall bei uns haben, oder Jonas? Unbedingt!" Sie streichelte meinen Kopf. „Und er ist so hübsch!"

So ein nettes Mädchen!

„Es ist ein gefährliches Pony!" Der Kleine hörte auf zu weinen und zeigte mit seinem Schwert auf mich.

„Ein Monster-Pony, das mich umgeworfen hat!"

So ein Frechdachs!
Das war eine glatte Lüge!

„**Bullshit!** Luke hat den Hund am Ohr gezogen, das hat ihm bestimmt wehgetan!", rief der ältere Junge und hockte sich neben mich. „Es ist ein Hund und kein Pony, du Vollpfosten! Ich finde ihn **megakrass!** Keiner von meinen Freunden hat so einen riesigen Hund! Kann er bei mir im Zimmer schlafen? **Er ist richtig cool!"**

Ich mochte ihn sofort!

Endlich erkennt jemand auf Anhieb meine wahren Qualitäten!

„Er ist ein **Pony-Monster-Hund**", widersprach sein kleiner Bruder. „Und du bist selber Vollpostmann! Mama? Kaufst du mir einen Cowboyhut, wenn ich auf ihm reite? Und Dassweeder auch! Dann darf er mitkommen. Aber ich muss immer mein Laserschwert dabeihaben! Und Jonas darf nicht Vollpostmann zu mir sagen!"
Jetzt erst sah ich eine Frau mit kurzen, ebenfalls blonden Haaren, die in die Hocke ging und ihren jüngsten Sohn ernst ansah. „Luke, du kannst nicht auf ihm reiten, und du darfst den Hund auch nicht am Fell oder am Ohr ziehen. Es tut ihm genauso weh wie dir. Und pass bitte mit dem Schwert auf. Nicht dass du ihn damit triffst."

„Dann will ich ihn nicht! Lieber doch ein Pony! Dassweeder reitet mit mir zusammen! Hi-ha!"
Er fuchtelte mit seinem Schwert herum.

Auf einmal war auch Frauchen bei uns. „Kai, Sarah, wie schön! Endlich sehen wir uns wieder!", rief sie, und ihre Stimme klang irgendwie ziemlich schrill. „Das sind eure **entzückenden** Kinder? Jonas, Alissa und Luke. **Entzückend!** Wirklich **entzückend!** Darf ich vorstellen? Das ist mein Wuschel. **Entzückend,** oder? Normalerweise bellt er gar nicht, und er ist **entzückend** kinderlieb!"

Mir wurde klar, dass Frauchen noch nervöser als vorher war, so oft, wie sie das Wort **„ENTZÜCKEND"** benutzt hatte. Es fehlte noch, dass sie wieder den Staubsauger herausholte!

Ich versuchte, mich nicht von ihrer Nervosität anstecken zu lassen. Ich war schließlich der coole Danger-Dog!

„Heißt er wirklich Wuschel?", fragte der große Junge, und Frauchen erklärte wortreich, dass das zwar mein offizieller Name sei, ich aber auch auf **Kuschel, Muschel, Spätzchen, Kleiner Schatz, Hundi, Mäuschen, Kuschelchen, Liebling** oder auch **Käferchen** hören würde. „Er ist eben sehr gehorsam."

NUN JA.

WAS BLEIBT MIR ANDERES ÜBRIG?

ICH KANN MICH JA NICHT JEDES MAL ÜBERGEBEN, WENN SIE MIR EINEN DIESER KITSCHIGEN NAMEN VERPASST.

ES ÄNDERT ABER NICHTS DARAN, DASS ICH SIE ALLE **ABSOLUT ÄTZEND** FINDE!!!

„Käferchen? Muschel? Spätzchen? Was für ein Durcheinander!", bemerkte der Vater, während sich die Kinder kichernd ansahen. „Ich habe noch nie gehört, dass ein Hund auf so viele ... seltsame Namen reagiert. **Ist er denn normal?"**

ALSO BITTE!!!

34

Natürlich bin ich normal!

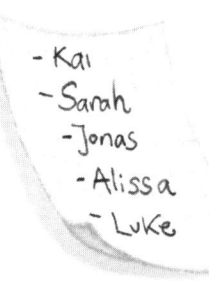

Die blonde Frau lächelte. „Es spricht dafür, dass er klug ist und weiß, zu wem er gehört."
Eine intelligente Frau!

Ich war sehr aufgeregt. Sie waren eine Familie mit drei Kindern! Und sie hatten vor, auf mich aufzupassen? Dann würde ich auch mal sehen, wie es war, ein **Familienhund** zu sein?!

Ich nahm mir vor, mir möglichst alles ganz schnell zu merken, um ihnen zu beweisen, wie klug ich war, und notierte im Kopf, was ich schon alles wusste:

- Kai
- Sarah
- Jonas
- Alissa
- Luke

*** SONDER-DOG(K)UMENT ***

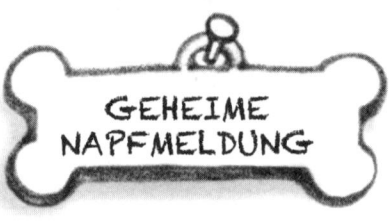

GEHEIME
NAPFMELDUNG

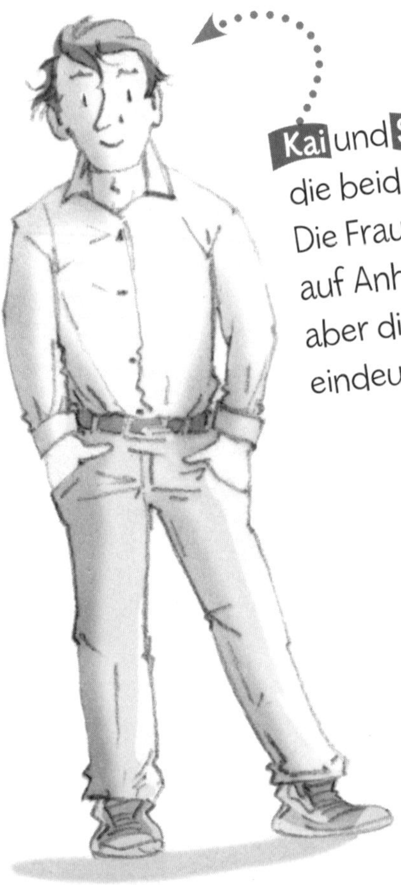

Kai und Sarah – das sind die beiden Erwachsenen. Die Frau scheint mich auf Anhieb zu mögen, aber dieser Kai ist eindeutig gegen mich.

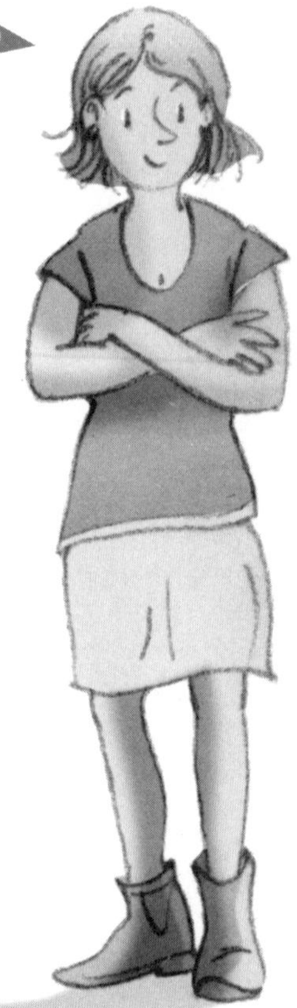

Jonas - ist der älteste Sohn und spielt ganz klar im Danger-Dog-Team.

Alissa - seine etwas jüngere Schwester gehört zum Glück auch dazu.

Luke - der freche Kleine, der auf mir reiten will, weil er mich für ein Pony hält, schwankt hin und her, aber wenn ich mich nicht ganz schnell in ein Pferd verwandele, habe ich einen zweiten Gegner.

„Trotzdem, Tante Klara, du hast von einem süßen Hund gesprochen, der total pflegeleicht ist", sagte Kai gerade. „Ich weiß, dass ich dir einen Gefallen schulde, weil du mir damals beim Studium Geld geliehen hast, aber ich denke nicht, dass wir für einen ganzen Monat dieses riesige ... Tier nehmen können. Wir haben ja schon einen Papagei, das reicht mir eigentlich. Ich bin von einem ganz kleinen Hund ausgegangen, den man kaum bemerkt. So wie er gerade Luke umgeworfen hat ..."

 **ALSO BITTE! ICH HABE IHN NICHT UMGEWORFEN!**

„Das hat er doch nicht extra gemacht! Nun, ich gebe zu, es war am Telefon wohl ein ... Missverständnis zwischen uns", sagte Frauchen. „Das liegt daran, dass wir uns schon ewig nicht gesprochen haben. Aber wenn ihr Wuschel doch nicht nehmen könnt, dann muss ich ihn wohl ins Tierheim geben. Die Reise ist bezahlt, und ich weiß sonst nicht, wohin mit ihm."

INS TIERHEIM???

„Nein! Mama! Papa! Er kann doch nicht in ein Tierheim gehen!", protestierte Jonas sofort und sah ziemlich erschrocken aus.

Seine Schwester nickte eifrig. „Auf keinen Fall! Bitte, dürfen wir den Hund haben? Vier Wochen gehen ganz schnell vorbei!"

Frauchen mischte sich ein. „Das stimmt. Er ist außerdem ein ganz ruhiger Hund, das versichere ich euch, eher ... **schwerfällig und langsam.**"

HALLO??? SCHWERFÄLLIG UND LANGSAM??? ICH???

SO EIN QUATSCH!

Ich bin ein junger Hüpfer und kann es mit jedem schnellen Welpen aufnehmen!

Ich wollte Frauchen einen vorwurfsvollen Blick zuwerfen, aber dann spürte ich ein **sehr angenehmes Kribbeln** hinter meinen Ohren. Alissa und Jonas streichelten nicht nur mein Fell, sondern kraulten mich genau da am Kopf, wo ich es besonders gernhatte!

MHM ... PERFEKT ... SEHR ANGENEHM ...

Ich legte mich sofort hin und ließ mir das Kraulen gern gefallen.

„Guck mal, wie friedlich er ist, Papa!", sagte Jonas. „Er kann doch niemandem etwas tun, das sieht man sofort. Der Vollpfosten ist selbst schuld!"

„Ich bin kein Vollpostmann!", heulte Luke schon wieder los. „Ich will aber reiten oder **Starlos** spielen! Mit Dassweeder!"

Jonas winkte ab. „Ist ja gut. Du kannst doch spielen. Papa, du hattest uns einen Hund versprochen, wenn wir uns selbst um ihn kümmern würden. Jetzt kannst du vier Wochen lang sehen, wie gut wir das können. **Bitte!"**

„Das stimmt! Du hast es versprochen!", unterstützte ihn Alissa.

Frauchen räusperte sich. „Ihr bekommt sozusagen einen Hund auf Probe. Mit Rücksendegarantie." Sie kicherte nervös.

„Er ist aber **ein Pony!"**, mischte sich Luke ein. „Ein Monster-Pony zum Reiten für Luke! Dassweeder wird ihn trotzdem besiegen!"

„Kinder ...", protestierte der Vater, doch nun wurde er von seiner Frau unterbrochen. „Kai, ich denke auch, dass wir es machen sollten. Wir helfen deiner Tante damit, und du testest den Alltag mit einem Hund. Was ist schon ein Monat? Der geht sehr schnell vorbei. Außerdem mag ich große Hunde viel lieber als kleine!"

KLUGE FRAU!

HÄTTEST DIR NUR EINEN MANN AUSSUCHEN SOLLEN, DER MICH RICHTIG EINSCHÄTZT, UND NICHT SO EINE **PFEIFE** WIE DIESEN KAI!

„Du bist ein cooler Hund", sagte Jonas leise in mein Ohr. „Ich finde aber, dass ‚Wuschel' oder diese anderen doofen Namen überhaupt nicht zu dir passen. Viel zu uncool. Vielleicht können wir dich für die Zeit umbenennen, wenn du bei uns wohnst?"

BITTE NENN MICH DANGER-DOG!
Und da spürte ich plötzlich, dass ich unbedingt zu diesen Leuten gehen und das Familienleben ausprobieren wollte.

28. Januar, 9 Uhr

WOW!!!
ES KLAPPT!!!

Sarah hat Frauchen angerufen und ihr gesagt, dass die Familie bereit sei, auf mich aufzupassen.

„Kai ist noch immer nicht begeistert, aber er wurde von allen anderen überstimmt", berichtete Frauchen ihrer Explosionsfrisur-Freundin, während die beiden meine Sachen in den Kofferraum packten.

42

„Ich bin so froh, dass das Problem gelöst ist. Und wenn es doch nicht klappt, dann wird mein Neffe nach einem Hotel für ihn suchen. Das habe ich ihm als Lösung für alle Fälle angeboten."

Zuerst dachte ich, dass Kai nach einem Hotel für **sich selbst** suchen würde, aber dann wurde mir klar, dass, OH SCHRECK, **ICH** DAMIT GEMEINT WAR ...

OH SCHRECK!!

Ich beschloss, mich perfekt zu benehmen, damit er gar nicht erst auf so eine blöde Idee kam! Ich würde mich ihm gegenüber total unauffällig verhalten, dass er mich fast gar nicht bemerkte und außerdem der beste Familienhund der Welt sein.

EIN KINDERSPIEL!

Jetzt bringt mich Frauchen zu Kais Familie. Sie wohnen fast drei Autostunden von uns entfernt und ich bin schon gespannt, wie es dort aussieht. Der Kofferraum ist voll mit meinen Sachen: die Wanne, in der ich gern schlafe, die Decke, auf der ich gern liege, der Futternapf, aus dem ich gern esse, und natürlich DAS WICHTIGSTE: der Sack mit dem FUTTER!

DEN HABE ICH AM ALLERLIEBSTEN!

Ich rieche es und habe die ganze Zeit **HUNGER!**

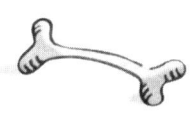

SO ETWAS GEMEINES - dieser himmlische Geruch direkt vor meiner Nase! Aber Mittagessen wird es wohl erst nach unserer Ankunft geben.
WER SOLL DAS NUR AUSHALTEN?!

Ich bin zum Glück eingeschlafen und erst wach geworden, als Frauchen mit einem lauten Quietschen das Auto zum Stehen brachte. „Mein Navi sagt, dass es hier sein muss. Ich sollte zukünftig wirklich mehr Kontakt zu meinen Verwandten suchen", murmelte sie vor sich hin. JA, SOLLTEST DU! DANN WÄRE VIELLEICHT DIREKT ALLES VON ANFANG AN KLAR GEWESEN.
Ich sah zuerst eine Straße voller Bäume. Und ganz wenig Autos. Rechts und links standen ein paar Einfamilienhäuser, die alle von Blumen, Rasen oder Pflanzen umgeben waren.
Nicht schlecht hier. Ruhig war es irgendwie auch.
Ich sah mich um und konnte keine einzige Ampel und keinen Parkplatz entdecken.

**Wo haben die denn
die Stadt versteckt?**

Ich sprang aus dem Kofferraum. Nachher würde ich auf eine Schnüffeltour gehen müssen, um herauszufinden, welche anderen Hunde hier so unterwegs waren. Das roch nach einem richtigen Abenteuer!

Aber jetzt hatte ich riesigen Hunger.

„Der Hund ist da!" Die Tür eines kleinen weißen Hauses öffnete sich, und Jonas und Alissa rannten mir entgegen. „Endlich! Braver Hund! Komm mit! Wir haben schon eine Schüssel mit Wasser für dich hingestellt."

LEUTE! WASSER IST SCHÖN UND GUT, ABER ICH WILL ETWAS ESSEN!!!

Dann erinnerte ich mich an meinen guten Vorsatz, mich perfekt zu benehmen und zu gehorchen, also lief ich leichtfüßig den beiden Kindern hinterher ins Haus.

BÄMMM!!!
PLUMPS!!!
DOING!!!

UUPSI!!! WAS WAR DAS???

Ich dachte eigentlich, ich würde leichtfüßig laufen, aber offensichtlich war mir das doch nicht so richtig gelungen ...

Der Flur war recht schmal, und ich hatte wohl **eine Vase** übersehen, die auf dem Boden neben dem Garderobenschrank stand. Bei dem Riesenknall bremste ich erschrocken ab und sah, dass das Teil nun in Scherben lag ...

„Was ist denn ... Hat der Hund etwa die Vase umgeworfen?" Familienvater Kai tauchte auf und sah mich vorwurfsvoll an.

Ich versuchte, mich ganz klein und unsichtbar und niedlich zu machen, aber der Blick in den Garderobenspiegel zeigte mir, dass es mir nicht gelang. Ich war noch immer groß und voller Haare. Würde er mich jetzt sofort in ein Hunde-Hotel verfrachten? Das war definitiv kein guter Start zwischen uns beiden!

„Diese blöde Vase war sowieso hässlich, und irgendwie stand sie immer im Weg", sagte Jonas und bückte sich, um die Scherben aufzuheben. „Ich bin froh, dass sie jetzt weg ist.
Gut gemacht!" Er grinste und zwinkerte mir verschwörerisch zu.

„Papa, der Hund kann doch nichts dafür, dass hier zerbrechliche Gegenstände herumstehen", Alissa strich mir über den Kopf. „Er kennt sich bei uns noch gar nicht aus."

Ich hörte Frauchen hinter mir nervös nach Luft schnappen. „Wuschelchen! Das macht er sonst nie ... er ist immer so vorsichtig ... Das tut mir leid, ich ersetze euch natürlich das gute Stück."

„Ach, was, das musst du nicht!" Ich blickte hoch, und da stand Sarah mit Klein Luke auf dem Arm. „Die Vase war wirklich nichts Besonderes. Alissa und Jonas machen die Scherben weg, und dann ist alles wieder gut. Hilfst du Tante Klara mit Wuschels Sachen, Schatz?"

„Wenn's sein muss." Kais Gesicht sah nicht gerade begeistert aus, aber er ging gehorsam nach draußen, um meinen Kram zu holen.

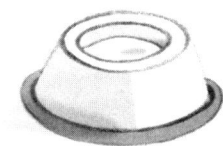

Ich stand etwas unschlüssig herum und war mir nicht sicher, was ich jetzt machen sollte.

MANN, HATTE ICH EINEN HUNGER!!!

Luke krähte: „Das Pony ist da, und es hat schon etwas kaputt gemacht! In mein Zimmer darf es nicht! Sonst macht es mein Raumschiff auch kaputt! Böses Pony! Dassweeder wird gegen dich kämpfen! Wo ist mein Laserschwert?"

Dassweeder war vermutlich ein Spielzeug-Männchen, denn ich bezweifelte, dass ein Fünfjähriger einen Superagenten oder echten Ritter bei sich im Zimmer hatte. Oh, da hatte ich aber Angst! Hihihi!

Eines aber war ganz klar:
Ich hatte immer noch drei Leute auf meiner Seite - Jonas, Alissa und Sarah. Team Danger-Dog.
Kai und sein jüngster Sohn waren eher gegen mich.
ICH HATTE ALSO EINDEUTIG DIE MEHRHEIT!

Tja, Kai und Luke. Pech gehabt.

ÄTSCH!!!

Sobald alle Sachen im Haus waren, hatte es Frauchen plötzlich ganz eilig. Sie schlug die Einladung zum Mittagessen aus und meinte, sie wolle sich lieber auf den Rückweg machen, solange es noch hell sei.

In zwei Tagen sollte ihre Reise losgehen und sie habe noch sehr viel zu tun. Sie streichelte kurz meinen Kopf, ermahnte mich, brav zu sein, und schon war sie verschwunden.

So ähnlich war das bisher auch immer beim Abschied in der Hunde-Pension gewesen, nur dass ich mich jetzt komischerweise gar nicht einsam und verlassen fühlte!
Mir gefiel es hier, und ich bekam langsam eine Ahnung, wie sich meine Hunde-Freunde fühlten, die zu einer Familie gehörten. **Da war immer etwas los!**
Ich trottete Sarah hinterher, die mir im Esszimmer eine Ecke am Fenster zeigte, wo schon meine Wanne stand. „Willst du hier schlafen?", fragte sie und stellte Luke auf den Boden.

„Nein, ich schlafe doch oben!" Der Kleine stampfte mit den Füßen. „Zusammen mit meinem Laserschwert! Und nur Dassweeder darf in meinem Zimmer sein - der ist nämlich mein Freund! Aber er schläft in der Küche."
Jonas und Alissa lachten.

„Du verwechselst alles, kleiner Zwerg", sagte Jonas. „Mama meinte unseren neuen Hund. Aber ich dachte, er darf bei mir schlafen? Bitte!"

„Und bei mir auch!", rief Alissa. „Immer abwechselnd, ja?"

„Bei mir nicht! Ich mag keine Ponys in meinem Zimmer", verkündete Luke.

Die Mutter sah erst ihre Kinder und dann mich an und zuckte dann mit den Schultern.

„Ich habe nichts dagegen. Wenn ihr euch nicht gegenseitig stört. Schlaf ist wichtig!" Ich war es zwar gewohnt, allein in einem Raum zu schlafen, fand es aber sehr nett, dass die älteren Kids mich bei sich im Zimmer haben wollten.

„Mama? Wird das Monster-Pony Dassweeder angreifen?", fragte Luke. **„Oder will es ihn fressen?** Dann muss ich ihn verteidigen! Mit meinem Laserschwert!"

ICH WAR KEIN MONSTER UND AUCH KEIN **PONY!**

WARUM SOLLTE ICH EINE **SPIELZEUGFIGUR** FRESSEN?

Ich bevorzugte **leckeres Futter.**
APROPOS ... ich schaute mich um, aber
weit und breit war nichts Essbares zu entdecken.
So langsam sollte ich etwas in meinen Magen bekommen! Ich streckte meine Zunge heraus - vielleicht
verstanden sie das?
Sarah seufzte. „Luke, er ist ein Hund und kein Pony, das
weißt du ganz genau. Und er hat bestimmt Hunger.
Kinder, zeigt Wuschel bitte, wo in der Küche sein Futternapf steht. Ich habe schon alles vorbereitet. Danach
müsst ihr mit ihm eine Runde spazieren gehen."

GUTE FRAU!!!
NA ENDLICH!!!

Ich wedelte freudig mit dem Schwanz.
„Okay", meinte Jonas. „Aber wir wollen ihn auch anders
nennen. Wuschel passt doch gar nicht zu so einem
coolen und großen Hund, Mama."
Sarah hob die Schultern. „Keine Ahnung, ob das klappt.
Ihr müsst ausprobieren, ob er darauf hören wird.
Andererseits ... Tante Klara hatte auch sehr viele Namen
für ihn."
JA, JA.
ICH HÖRE AUF FAST ALLES.

51

JETZT GIB SCHON ENDLICH MEIN FUTTER HER!
WENN MEIN MAGEN LEER IST,
DANN **WERDE ICH ZUM TIER!!!**
(Hihi - kleiner Spaß!)

In der Küche gab es weiße Möbel und einen schwarzen
Boden. Es sah sehr sauber aus, und ich hoffte, dass
ich nicht ganz so viele Haare wie sonst verlieren würde.
Zumindest die weißen sähe man sofort!
Kai war auch da. Er saß auf einem Stuhl und schien
mich zu beobachten. Wartete er darauf, dass ich wieder
etwas umwarf?

Okay, jetzt keinen Fehler mehr machen ...
Unter der Fensterbank standen eine Schüssel mit
Wasser und mein Futternapf.

GEFÜLLT!
ENDLICH!!
LECKER!!!

Sofort vergaß ich alles
und lief eilig darauf zu.

Leider merkte ich viel zu spät, dass die Fliesen ziemlich rutschig waren und ich kaum rechtzeitig abbremsen konnte.

Fast hätte ich mein Essen umgeworfen! Aber im allerletzten Moment hielt ich irgendwie doch noch das Gleichgewicht und fiel fast mit dem Kopf in den Futternapf.

„Also wirklich! Dieser Hund ist eindeutig **tollpatschig!** Wir müssen alles wieder babysicher machen, wie früher, als die Kids noch klein waren", kommentierte Kai.

„Gerade noch mal gut gegangen, was?"

TOLLPATSCHIG? ICH?

Hinter meinem Rücken hörte ich Sarah und die Kinder lachen, aber ich achtete nicht darauf, denn **es schmeckte einfach himmlisch!** Es machte mir auch nichts aus, dass die ganze Familie mir dabei zusah. Ich schleckte alles sorgfältig aus und trank danach auch das Wasser. Schade, dass jetzt wieder viele Stunden bis zum Abendessen vergehen würden! So eine Mahlzeit war immer viel zu schnell vorbei!

„Da hatte wohl jemand Hunger", meinte Sarah. „Eine ganz schön große Portion, die er vertilgt hat."

Kai brummte: **„Ich ahne Schlimmes:** Er wird uns wohl die Haare vom Kopf fressen."

Ich sah von einem zum anderen und war etwas beleidigt. Was dachte dieser Typ eigentlich von mir? Wer aß schon gern Haare? Frauchen hatte doch meinen Futtersack mitgebracht!

Jonas, der mich ebenfalls beobachtete, grinste: „Er hat mich gerade an dich erinnert, Papa. Wenn du Hunger hast, dann bist du auch kaum zu halten."

„**Bitte,** du wirst mich doch nicht mit dem **HUND** vergleichen?", entrüstete sich sein Vater, musste aber dann zu meiner Erleichterung lachen. „Okay, ich muss dir wohl recht geben. Wenn ich nichts zu essen kriege, werde ich zum Tier."

HA! JETZT HAT DER AUCH NOCH MEINEN SPRUCH GEKLAUT!

Ich setzte mich hin und sah die Familie fragend an, in der Hoffnung, dass gleich jemand mit mir nach draußen gehen würde. Ich musste nämlich bald mein Geschäft verrichten. Klein **und** groß!

Danach war ich für alles offen.

Alissa hockte sich neben mich und kraulte wieder meinen Kopf.

TAT DAS GUT!

Frauchen machte das eigentlich viel zu selten.

„Wir haben einen tollen Hund,
das find' ich super schön!", sang sie vor sich hin.
„Wir Kinder sind begeistert,
der Papa kriegt 'nen Fön!"

Alle lachten, und nur Kai hob die Augenbrauen. „Erstens kriege ich keinen Fön, aber mir wäre ein kleines, niedliches Exemplar lieber gewesen ... Und zweitens HABEN wir jetzt nicht wirklich einen Hund. Er ist ja nur quasi geliehen, für vier Wochen, wenn es denn überhaupt so lange klappt. Wer weiß, was der hier noch so anstellt." Am liebsten hätte ich ihn angeknurrt, aber ich verkniff mir lieber jeden Kommentar. Ich würde schon nichts anstellen. Dieser Kai würde sich noch wundern, was für ein super Hund ich war!

raurig   müde   gelangweilt

Und niedlich konnte auch ich sein!

Sofort setzte ich mein allerliebstes Hundegesicht auf.

**KULLERAUGEN MACHEN
UND LÄCHELN!!!**

Na bitte, niedlicher
ging es wohl kaum.
Jonas sah seine Schwester an.
„Alissa, der Hund braucht
sofort einen neuen Namen,
damit er sich rechtzeitig daran gewöhnt. Ich hoffe, dass
das klappt!"

„Ich nenne das Pony **Hoppel-Poppel**", mischte sich Luke
ein. „Oder **Galoppy-Poppy?** Galopel-Popel?"

 **Popel?** Ey, Kleiner! SOOOO NICHT!!!

„Quatsch!", protestierte auch Jonas. „Er ist kein Spiel-
zeugpony. Er ist ein großer Hund, und er braucht einen
richtig coolen Namen. Etwas, das sofort klarmacht,
dass er der Boss ist", ergänzte Jonas.

YES!!! DER JUNGE HAT ES ERFASST!

Kai runzelte die Stirn. „Der Boss hier bin wohl ich. Aber
nennt ihn auf keinen Fall Kai!"

„**Kai?**" Die drei Kinder sahen ihren Vater an. „Das ist doch nicht cool!", lachte Alissa.

Selbst Luke nickte. „Nee, Papa. Kai ist ein wirklich doofer Name. Noch schlimmer als Vollpostmann."

Sarah kicherte, und Kai sah beleidigt aus.
Der Kleine kam auf mich zu und schaute mich herausfordernd an. „**Dassweeder** ist ein cooler Name. Aber den kriegst du nicht! Haha! Papa? Können wir ihn wieder herunterholen?"
Kai zuckte mit den Schultern. „Meint ihr, die zwei werden sich jetzt schon vertragen?"
Wovon sprachen sie?
Mit wem sollte ich mich vertragen?
Mit Lukes Spielzeugfiguren?
Sarah nickte. „Na klar, holt ihn. Ich habe sowieso nicht verstanden, warum er oben bleiben musste."
Wieso mussten sie zu zweit ein Spielzeug herunterholen? War es denn so groß?

Kai und sein jüngster Sohn verließen die Küche, und Alissa sah mich an. „Welcher Name würde dir denn gefallen?"

**DANGER-DOG!
POWER-DOG!
HIGH-VOLTAGE-DOG!**

Ich versuchte, den Kindern den Namen telepathisch zu übertragen, war mir aber nicht sicher, ob das funktionierte.

HALLO, KIDS! STELLT MAL EURE ANTENNEN AUF!

„Wir wollten doch einen englischen Namen nehmen", meinte Jonas. „Vielleicht etwas mit **Dog?**"

Okay, die Richtung stimmte auf jeden Fall!

Ich hatte eindeutig einen Draht zu ihm.

 **Danger-Dog! Power-Dog!**

„Dog-Rock?", schlug Alissa vor und antwortete sich selbst: „Nee, Rock klingt nicht nur nach Musik, sondern ziehen wir Mädchen auch an. Das passt nicht."

Ihr älterer Bruder überlegte weiter. „Also ... irgendwas ausgefallenes ... Twister-Dog ... oder ... Doctor Dog fänd' ich cool. Es klingt wie so ein amerikanischer Musik-Star."

Dog war auf jeden Fall super, aber DOCTOR??? Das erinnerte mich zu sehr an die Tierarzt-Besuche, die ich gar nicht mochte.

EIN NO-GO!

Auch seine Schwester war zum Glück nicht überzeugt. „Dog ist wirklich cool, aber bei **Doctor** muss ich immer an Krankheiten denken." Sie streichelte mein Fell. „Das findest du bestimmt auch nicht schön, was?"

NEIN, AUF KEINEN FALL!

Jonas nickte zustimmend. „Okay, wir wollen ihn nicht erschrecken. Niemand geht schließlich gern zum Arzt."

ICH HÄTTE SIE BEIDE AM LIEBSTEN ABGESCHLABBERT VOR LAUTER BEGEISTERUNG!

GANZ MEINE MEINUNG!
DIESE KIDS VERSTANDEN MICH!

Mega gut!

Sarah lächelte. „Seid aber nicht enttäuscht, wenn der Hund am Ende doch nicht auf einen anderen Namen hört."

TUE ICH! ABER NUR BEIM RICHTIGEN!

BOSS-DOG! POWER-DOG! DANGER-DOG!

Ich schloss die Augen und konzentrierte mich. Empfing jemand meine Gedanken?

Jonas lachte. „Ich hab's! Was haltet ihr von

,Mister Dog'?"

Alissa stieß einen kurzen Pfiff aus. „Hey, das ist nicht schlecht ... Mister Dog? Wie findest du das?"
Ich öffnete die Augen. Mister Dog ...? Bevor ich reagieren konnte, merkte ich plötzlich, dass ich nun doch langsam mein Geschäft verrichten sollte.

ALARMSTUFE GELB!!

Ich wurde unruhig. Lieber rechtzeitig nach draußen kommen, als plötzlich im Haus nicht mehr einhalten zu können ...

NICHT AUSZUDENKEN, WAS DANN PASSIEREN UND **WIE KAI REAGIEREN WÜRDE!** DAS WÄRE VERMUTLICH DAS ENDE MEINES AUFENTHALTES HIER!

REKORD!

Ich stand auf und hoffte, dass die zwei die Diskussion unterbrechen und mein Bedürfnis verstehen würden. Für coole Namen war später noch genug Zeit.

„**Mister Dog** scheint ihm zu gefallen!", rief Jonas. „Schaut mal, er hat sofort reagiert! Mister Dog, komm her!"

KINDER, EUER GAST-HUND MUSS MAL!
WIE MACHE ICH ES EUCH NUR KLAR?
BEI WEM KLAPPT DIE
GEDANKENÜBERTRAGUNG?

Jonas schien die beste Antenne zu mir
haben. Ich lief auf ihn zu und sah
ihn an. Verstand er, dass wir jetzt
rausgehen sollten?
„Genial!", freute sich der Junge.
„Er hört eindeutig auf **Mister
Dog**! Guckt mal, wie er mich
anschaut!"
„Mister Dog", wiederholte Alissa. „Gefällt mir gut.
Meinst du echt, dass er den Namen so einfach
akzeptiert? Mister Dog? Bei Fuß!"

BEI FUSS? HALLO?
KAPIERTE DENN NIEMAND?
ICH MUSSTE!!!

ALARMSTUFE
ORANGE!

Ich ging zurück zu ihr und blieb erwartungsvoll stehen.
Sah sie denn nicht, dass ich ausgehbereit war? Sollte
ich vielleicht schon zur Haustür laufen?
Das Mädchen streichelte mein rechtes Ohr. „Du hörst
ja tatsächlich darauf! Krass! Dann willst du **Mister Dog**
heißen? Ja? Braver Hund!"

„Was sehen meine Augen? Ein vierbeiniges Wesen! Haben die Dorlingers sich tatsächlich auf das Abenteuer **H-U-N-D** eingelassen? Und wie sieht dieses merkwürdige Wesen denn überhaupt aus? Hat denn niemand ein Glätteisen für seine Frisur?", **schrie plötzlich jemand mit einer sehr schrillen Stimme hinter mir.**
Ich drehte mich erschrocken um.

Wer war das?

Kai hielt einen großen Käfig in der Hand und stellte ihn ganz vorsichtig auf die breite Fensterbank am Küchenfenster. Im Käfig saß ein ziemlich großer, rot-gelber Papagei.

HATTE ER GERADE ÜBER **MICH** GESPROCHEN?

„So, Popel-Pony, das ist Dassweeder, und wenn du ihn fressen willst, dann wird er dich besiegen", meinte Luke triumphierend und stemmte herausfordernd die Hände in die Hüften.

EIN PAPAGEI?

„Seht mal, wie Mister Dog
den Vogel anguckt", rief Jonas.
„Ob die beiden Freunde werden?"

„Definitiv nicht!", rief der Vogel, was natürlich
nur ich verstand. Für die Familie war es ein
normales Kreischen. „Ich bin lieber für mich
alleine, und so ungepflegte Wesen dulde ich auch
nicht in meiner Umgebung."

Ich war noch immer ein wenig aus der Fassung, außerdem musste ich wirklich ganz, ganz dringend. Ich
sollte schleunigst nach draußen kommen.

„Das ist aber nicht nett von dir. Wir reden später
darüber, ja? Ich muss mir jetzt nämlich einen Baum
suchen", sagte ich zu dem Vogel.

„Wofür? Um dagegenzulaufen? Das interessiert mich
nun absolut nicht. Genauso wenig wie deine
Bekanntschaft." Er wandte den Kopf ab und
schwieg. „Soweit ich mitbekommen habe,
bleibst du sowieso nicht lange."

OKAY, DANN EBEN NICHT.

63

Jonas lachte. „Sie gucken sich immer noch an – und habt ihr die Geräusche gehört? Es klang, als ob Mister Dog mit ihm reden würde."

„**Mister Dog?** Das ist doch hoffentlich nicht der Name, den ihr euch überlegt habt?", fragte Kai.
Luke nickte. „Voll blöd. Ich finde Vollpostmann gut. Vollpostmann, gib Pfötchen!"
„Nein, er heißt Mister Dog. Das ist cool, und er hört darauf", meinte Alissa. „Jonas hat den Namen ausgesucht, und Mama und ich finden ihn voll super."

„**Mister** Dog? Soll ich ernsthaft einen Hund mit ‚Mister' ansprechen? In meinem eigenen Haus? Das finde ich jetzt aber sehr komisch."
Kai war ganz klar mal wieder **gegen mich.**

Danger-Dog oder **Power-Dog** oder **Der Boss** hätten mir auch besser gefallen, aber mit **Mister Dog** konnte ich gut leben, ob es diesem Kai nun passte oder nicht. Jetzt wurde ich trotzig.

Ja, auch er würde mich mit **Mister** anreden müssen, sonst würde ich einfach nicht gehorchen, hihi!

Sarah sah ihren Mann an. „Ach, lass die Kinder doch. Der Hund hört tatsächlich darauf. Und wer geht jetzt mit Mister Dog nach draußen?"

ENDLICH!

Ich lief eifrig auf Sarah zu. Diese Frau verstand mich.
„Siehst du", sagte sie zu ihrem Mann. „Er mag den Namen und reagiert auch darauf."
„Ich gehe!", rief Jonas.
„Und ich!", schloss sich seine Schwester an.
Dann mal los.
Wo war noch mal die Haustür?
Ich war nämlich mittlerweile bei ...

Wenn ich nicht in den nächsten fünf Minuten nach draußen kam, würde Kai auf dem Boden einen **sehr nassen Grund**  finden, um mich wieder loszuwerden.

ALARMSTUFE ROT!!!

Die Kinder zogen sich Schuhe, Jacken und Mützen an, während Kai die Leine an meinem Halsband festmachte.
„Meine Güte, hat der viele Haare ... Lasst Wusch- ich meine, den ... Mist...er nicht alleine herumlaufen, er kennt sich hier nicht aus. Und geht nicht weit weg. Wenn er groß macht, dann müsst ihr es in diese

Kack- ähm ... die ‚Großes-Geschäft-Beutel‘ einpacken",
kommandierte er.
„Papa, wolltest du **Kackbeutel** sagen?",
fragte Luke, und Alissa und Jonas kicherten.
„Wollte er."
Kai räusperte sich. „Nein, wollte ich nicht! Sagt man
nämlich nicht."

„Papa wollte Kackbeutel sagen",

sang Luke vor sich hin und winkte uns zu. „Viel Spaß
beim Kacka-Machen! Wenn ihr wieder da seid, muss
Vollpostmann gegen **Dassweeder** kämpfen!"

Während wir hinausgingen, hörte ich Kai verständnislos
fragen: „Das sind zu viele Infos auf einmal. Wer ist denn
jetzt noch mal dieser **Postmann?**"

29. Januar, 6 Uhr

Es ist früh am Morgen, und die ganze Familie
schläft noch. Noch ist es total ruhig, aber sobald alle
wach sind, geht bestimmt wieder der Trubel los.

IN SO EINER FAMILIE PASSIERT TOTAL VIEL!

Das habe ich schon gestern hautnah miterlebt. Ich
wusste gar nicht, auf wen ich zuerst achten sollte - auf
die großen oder auf die kleinen Menschen.
Jetzt liege ich auf meiner Kuscheldecke neben Jonas'
Bett und fühle mich irgendwie richtig gut.

SCHÖN!

In der Hunde-Pension konnte ich nur schlecht schlafen und dachte immerzu an Frauchen. Hier aber vermisse ich sie fast gar nicht und habe tief und fest geschlafen. **Muss ich deswegen ein schlechtes Gewissen haben?**

Gestern war ich am Ende des Tages so müde, dass ich mein Tagebuch nicht mehr weiterführen konnte. Mannomann, ist hier was los!

Ich habe mich entschlossen, möglichst viele Erlebnisse festzuhalten, denn es werden irgendwann tolle Erinnerungen.

Zum Beispiel, wenn die vier Wochen vorbei sein werden ...

Oder falls Kai mich vorher doch noch in ein Hunde-Hotel abgeben sollte ...

HOFFENTLICH NICHT.

SCHLUCK!

Ich will gar nicht darüber nachdenken.
Ein einziger Tag hat gereicht, um mich davon zu überzeugen, dass ich sehr gern den ganzen Monat bei Familie Dorlinger verbringen will. Auch wenn es viel lauter als bei Frauchen ist.
Aber sie sind alle so ... kuschelig!
Außer Kai natürlich.

Der ist eher **stachelig.**
Und er kann mich nicht leiden.

Bei Luke bin ich mir noch nicht sicher,
wie er zu mir steht. Mal scheint er
mich zu mögen, mal nicht, aber er ist
nun mal ein kleiner Junge.

Wen ich aber absolut nicht verstehe, ist dieser komische
Papagei, Dassweeder, oder wie er heißt. Der hat doch
gestern tatsächlich kein einziges Wort mehr mit mir
gesprochen, obwohl ich mehrfach versucht habe,
Kontakt zu ihm aufzunehmen!

Dann eben nicht.

Aber sonst hat alles super geklappt!
Jonas, Alissa und ich waren gestern kaum außer Haus,
als ich den erstbesten Baum aufgesucht habe ...
Tat das gut!
Danach haben mir die Kinder ihre Umgebung gezeigt,
wo noch mehr Bäume und Büsche und viele kleine
Häuser waren. Wir bogen zweimal ab,
und da gab es sogar eine richtige Wiese.
Und dahinter einen Wald!

EIN
PARADIES!

„Mister Dog, hier triffst du bestimmt immer auch ein paar andere Hunde aus der Nachbarschaft", meinte Alissa.

„Schau mal, da hinten geht gerade zum Beispiel die Labradorhündin **Kimba** mit ihrem Besitzer spazieren!"

WOW und WUFF!

GROSS. SCHLANK. WEISSES FELL.
TOLLE FIGUR. VIER LANGE BEINE.
BRAUNE AUGEN. **TOTAL HÜBSCH!**
EIN RICHTIGES

TOPMODEL!

Vor lauter Verlegenheit brachte ich keinen Ton heraus! Kimba durfte natürlich frei herumlaufen, während ich an dieser blöden Leine hing wie ein ungezogener kleiner Welpe.
Unmöglich!
Jonas machte sie zwar so lang, wie es ging, aber es änderte nichts daran, dass ich mir ziemlich doof vorkam.

Zum Glück für mich pfiff der ältere Junge, der mit der Labradorhündin da war, recht laut und bedeutete ihr, weiterzugehen, bevor sie näher kommen konnte. „Los, Kimba, hierher! Wir haben es eilig!", rief er.

Jetzt kann ich nur hoffen, dass wir uns mal wieder begegnen, wenn auch ich nicht mehr festgebunden bin. Warum glaubt Kai, dass ich weglaufen würde? Wohin sollte ich gehen?
So ein Quatsch!
Ich weiß doch, wohin ich gehöre!

Ich begutachtete alle Spuren, die andere Hunde-Kollegen hinterlassen haben, und freute mich schon darauf, sie alle irgendwann persönlich kennenzulernen.

Es gab so viel zu entdecken!

Dann warfen die Kinder abwechselnd ein paar Stöck-chen, die ich holen sollte. Das machte sehr viel Spaß, nur die Länge der Leine hinderte mich daran, so richtig Anlauf zu nehmen, was unser Spiel immer wieder unter-brach. Aber ich bekam eine Ahnung davon, was meine Kollegen mit **„Toben mit den Kindern"** meinten.

„Meinst du echt, Mister Dog würde abhauen, wenn er nicht angeleint wäre?", fragte Alissa ihren älteren Bruder.

Jonas schüttelte den Kopf. „Das glaube ich nicht. Papa **spinnt ein bisschen,** aber er kennt sich mit Hunden überhaupt nicht aus."

„Du weißt doch, dass er Mister Dog auch gar nicht nehmen wollte", ergänzte seine Schwester. „Wenn Mama ihn nicht überredet hätte, dann hätten wir jetzt keinen Hund."

 AHA. SO WAR DAS ALSO.
HÄTTE ICH MIR DENKEN KÖNNEN.

„Wir haben auch keinen eigenen Hund. Leider. **Mister Dog ist nur zu Besuch da**", erinnerte Jonas sie.

„Ich will gar nicht daran denken, wie es wird, wenn er wieder zurückmuss."

„Ich auch nicht!" Alissa streichelte meinen Kopf.

„Ich wünschte, er wäre unser richtiger eigener Hund.

Er ist so süß!"

„Deshalb sollten wir jeden Tag mit ihm genießen und sehr gut nutzen."

ICH HATTE PLÖTZLICH EINEN KLOSS IM HALS.
NEIN, AN ABSCHIED WOLLTE AUCH ICH NICHT
JETZT SCHON DENKEN.
Vor uns lagen zum Glück **vier volle Wochen.**

Nach einer Weile gingen wir zum Haus zurück, und
ich hatte mir natürlich den Weg gemerkt. Alissa und
Jonas staunten nicht schlecht, als ich an der Leine
immer ein paar Schritte vorauslief.
„Mister Dog, du weißt schon, wo wir wohnen?
Ist ja irre!", „Braver Hund! So superklug!",
lobten sie mich abwechselnd.

Kai erwartete uns schon an der Tür und fing sofort an,
die Kids mit Fragen zu löchern: **„War es schwierig
mit ihm?** Konntet ihr ihn überhaupt halten? Der Hund
hat bestimmt mit viel Kraft gezogen. Ich hatte mich
schon gefragt, ob ich euch folgen und helfen sollte."

HALLO?!
WARUM SOLLTE ES SCHWIERIG MIT MIR SEIN?
WAS DACHTE ER DENN?

Hä?

Am Nachmittag wollte ich eigentlich mein übliches **Powernapping** machen - den Mittagsschlaf also - und legte mich in die Wanne, die noch immer im Esszimmer stand. So war ich es von zu Hause gewohnt, denn auch Frauchen legte sich gern öfter hin.

Aber hier lief alles ganz anders ab!

Jonas, Alissa und Luke hockten sich auf den Boden und holten ein Spiel heraus. Ich konnte nicht anders, als zuzuschauen. Sie drehten an einer Scheibe und mussten nach Anweisungen ihre Arme und Beine auf bestimmte Farbfelder legen. Es sah sehr lustig aus, wie sie sich verrenkten und ständig umkippten und lachten!

Da musste ich doch mitmachen!

Ich sprang aus der Wanne heraus und zwängte mich zwischen die Kinder. Luke machte gerade eine Art Brücke, und ich kroch genau darunter.

WAS FÜR EIN SPASS!

74

„Ey, was macht er da?", kreischte der Kleine.

„Ich schätze, Mister Dog spielt auch mit!", rief Jonas und schüttelte sich vor Lachen. „Keine Angst, der tut dir nichts."

Der Kleine schaute mich von oben an. „Huhu, Vollpostmann-Pony! Ich liege jetzt auf dir drauf! Deine Haare kitzeln in meinem Gesicht!"

Alissa kicherte. „Das ist ja irre! Mama! Papa! Kommt mal! Könnt ihr ein Foto von uns allen machen?"

EIN FOTO?

DA MUSSTE ICH ABER SCHNELL NOCH MEIN FELL
IN FORM SCHÜTTELN!

Ich richtete mich auf und vergaß dabei, dass Luke über mir im Vierfüßerstand hing. Durch die Bewegung hob er vom Boden ab und fing an zu schreien. „Hilfe! Ich falle! Hilfe! Haltet mich fest!"

OJE ...

DAS WOLLTE ICH DOCH GAR NICHT!

Ich merkte, dass er das Gleichgewicht auf mir verlor und zu wackeln anfing. Blitzschnell versuchte ich, seinen Sturz abzufangen, indem ich mit einem Ruck seine Position auf mir veränderte. Es schien zu funktionieren,

denn er machte einen Hopser,
hörte dann aber auf zu wackeln und klammerte
sich nun an mein Fell.
Es tat zwar ein bisschen weh, aber das
war mir egal, solange ich
ihn davor bewahrte,
herunterzufallen.

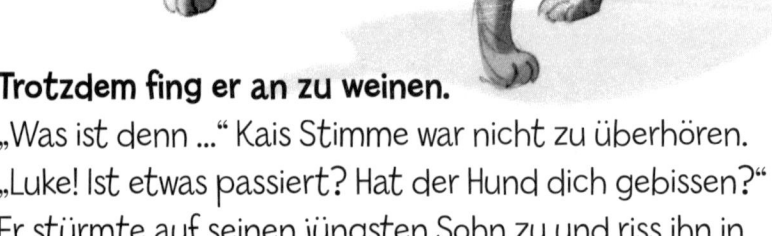

Ich falle!!!

Trotzdem fing er an zu weinen.

„Was ist denn ..." Kais Stimme war nicht zu überhören.
„Luke! Ist etwas passiert? Hat der Hund dich gebissen?"
Er stürmte auf seinen jüngsten Sohn zu und riss ihn in
seine Arme.

GEBISSEN?
ICH?
WAS DACHTE DIESER TYP
EIGENTLICH NOCH ALLES VON MIR?

Luke heulte immer noch und vergrub seinen Kopf an Kais Schulter. **„Nnnein!"**
Jonas und Alissa sahen sich an. „Papa, alles gut, wir haben zusammen gespielt, und Mister Dog hat mitgemacht. Luke hat sich nur etwas erschrocken, als er plötzlich auf dem Rücken von Mister Dog gelandet ist", erklärte der Junge.

Kai zog die Augenbrauen hoch. „Was redet ihr für einen **Unsinn** über den Hund? Der kann doch nicht bei einem Gesellschaftsspiel mitmachen. Hört auf, ihn ständig zu verteidigen. Erst behauptet ihr, dass er schon den Weg zu uns nach Hause kennt, und nun, dass er mitgespielt hätte."
Jonas schien wütend zu werden. **„Boah, Papa!** Es stimmt aber. Alles! Mister Dog ist superklug! Warum kapierst du das nicht?"
Luke weinte immer noch. Vermutlich vor Schreck. Das tat mir leid!
„Aber eurem Bruder hat er schon zum zweiten Mal wehgetan", behauptete der Vater, was mich nun SUPER-SAUER machte! „Stimmt's Luke? Ich will nicht, dass er eine Gefahr für diese Familie darstellt."

EINE GEFAHR?!

Jonas schien ähnlich zu denken wie ich. „Das tut er doch gar nicht!"

Der Kleine sagte leider gar nichts zu meiner Verteidigung, deshalb bekam ich es mit der Angst zu tun.

Was, wenn Kai mich jetzt sofort aus dem Haus warf?

„Luke, Du wolltest doch auf ihm reiten", begann auf einmal Alissa mit einer ganz sanften Stimme. „Das war doch cool, oder?"

Ihr Bruder hörte auf zu heulen und drehte sich zu uns um. „Ja!", rief er. „Echt cool! Und lustig. Ich wollte aber richtig reiten, nicht nur auf dem Bauch. Beim nächsten Mal, ja, Misserdog?"

Kai schien irritiert zu sein. „Wie? Was? Reiten? Aber wo hast du dir denn wehgetan, kleiner Mann?"

Sein jüngster Sohn rieb sich mit dem Ärmel über die Augen. „Gar nicht. Meine Nase juckt, weil da die Haare von dem Misserdog reingekommen sind. Kann ich in dein Hemd niesen, Papa?"

JA, BITTE! NIES MAL SCHÖN IN SEIN HEMD UND MACH DA ORDENTLICH WAS REIN!

DER EINZIGE, DEM WEHGETAN WURDE, WAR NÄMLICH ICH, ALS DER KLEINE SICH AN MEINEM FELL FESTGEHALTEN HATTE.

Aber das mache ich ihm nicht zum Vorwurf, es war ja meine Schuld, dass ich nicht nachgedacht habe. Hätte ich mich nicht aufgerichtet, wäre auch gar nichts passiert.

„Ich sollte mit meinem Handy kommen und Fotos schießen?" Sarah kam herein. **„Was ist denn hier los? Ist etwas passiert?"**

„Nein!", sagten alle drei Kinder gleichzeitig.

Kai war noch immer nicht überzeugt. „Also, der Hund ...", begann er.
„Mister Dog. Kannst du ihn nicht endlich auch so nennen, Paps?", fragte Jonas. „Selbst Luke scheint es endlich zu kapieren."

„Misserdog. **Er heißt Misserdog, Papa."** Luke vergaß offenbar, dass er gerade noch geweint hatte. „Und er ist ein Hund, aber auch ein Pony! Ich bin auf ihm geritten, Mama! Auf dem Bauch! Kann ich jetzt einen Cowboyhut haben?"

Damit war die Krise abgewendet und Kai musste wohl einsehen, dass er falsche Schlüsse gezogen hatte, denn er sagte nichts mehr.

Nach dem Abendessen drehten alle drei Kinder eine Runde mit mir, und ich lernte unterwegs einen Dackel, einen Golden Retriever und einen Australian Shepherd kennen.

Lauter nette Jungs!

Kimba haben wir leider nicht getroffen, aber da ich noch immer nicht frei laufen durfte, war mir das auch lieber so. Ich war ganz schön kaputt von den vielen Eindrücken und fragte mich, ob ich mich wohl ganz unauffällig im Wohnzimmer in eine Ecke verkriechen konnte, um ein wenig fernzusehen.

Kai und Sarah würden doch bestimmt auch vor dem Kasten hängen, oder?

Frauchen tat das um diese Uhrzeit jedenfalls immer.

ABER ES KAM ALLES ANDERS ...

VON **RUHE** WAR NÄMLICH NICHT DIE REDE.
UND VOM **FERNSEHEN** AUCH NICHT.

Der Trubel ging nämlich weiter.

Mann, was in einer Familie so alles am Abend abgeht!
Mal sehen, ob ich es noch aufgezählt bekomme:
WASCHEN, KÄMMEN, ZÄHNE PUTZEN, SCHLAFANZUG
ANZIEHEN, BETEN, GUTE-NACHT-GESCHICHTE VORLESEN,
SINGEN, GUTE-NACHT-SAGEN, KÜSSEN, DRÜCKEN, NOCH
MAL GUTE-NACHT-SAGEN, WIEDER DRÜCKEN UND
KÜSSEN ...

Würde das jetzt jeden Abend so sein?
Danach war man doch bestimmt total müde!
Mir fielen schon vom Zuschauen die Augen zu ...
ABER IRGENDWIE WAR ES AUCH SCHÖN UND
AUFREGEND UND SO ... **KUSCHELIG EBEN!!!**
ICH WURDE JA AUCH GEDRÜCKT
UND GEKÜSST!!!

Natürlich **nicht** von Kai.

Bei Frauchen in der Wohnung war es eigentlich immer ruhig, aber dadurch war dort auch nichts los. Ging sie vielleicht deshalb so oft auf Reisen? Weil es dann auch trubelig wurde und sie es so lieber mochte?

Hier aber war ich mittendrin!

Zuerst liefen die drei Kinder ins Bad, wo sie sich waschen und Zähne putzen sollten. „Mister Dog, komm schnell her!", rief Jonas und winkte mir zu.
Ich war zwar müde, aber auch neugierig. Kam jetzt noch ein Spiel?
Im Bad roch es nach Seife, das mochte ich nicht so gern.
„Alissa wird dich jetzt kämmen", verkündete Sarah, während sie ihrem jüngsten Sohn beim Zähneputzen half.
„Mister Dog müssen auch die Bei-ßer geschrubbt werden!", rief Luke, der auf einem kleinen Hocker vor dem Waschbecken stand. „Ich will das machen!"
„Doch nicht mit deiner eigenen Zahnbürste, Luke!"

Sarah verhinderte im letzten Moment, dass er mir das Ding zwischen die Zähne schob. „Er hat seine eigene! Und Zahnpasta mit Geflügelgeschmack! Aber Tante Klara meinte, dass man ihm auch einen Kauring mit spezieller Zahnpflege geben kann."

„Igitt!" Jonas grinste. „Hähnchen-Zahnpasta? Echt?"

WAS GAB ES DENN DA ZU LACHEN?
IST DOCH LECKER!
DIE MIT DEM **GULASCH-GESCHMACK** MOCHTE ICH AUCH!

Ich gähnte. Alissa bürstete zuerst sich die Haare und dann mir das Fell. **Es tat richtig gut!**

„Wir machen uns jetzt fein,
das muss heute sein",
sang sie fröhlich, und fast hätte ich mitgesungen.
Also ...
... mitgejault.

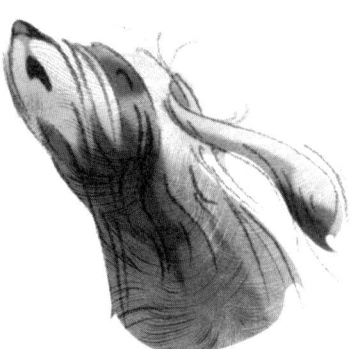

„Werden wir Mister Dog auch duschen?", fragte sie, und ihre Mutter nickte.
„Können wir morgen machen."

Okay, das war zwar nicht meine liebste Beschäftigung, aber ich wusste, dass es sein musste.
Als irgendwann alle gewaschen und umgezogen waren, wurde es **unglaublich gemütlich!**

Wir haben uns alle im Wohnzimmer zusammengekuschelt. Die Kinder und die Eltern auf der Couch und ich zu ihren Füßen davor. Ich schmiegte mich an die Beine von Jonas und Luke, der bei Kai auf dem Schoß saß.
Sarah las laut eine Geschichte vor, während mich Alissa die ganze Zeit kraulte ...

Mhm!!! Wow!!!

Dass ein Abend so schön enden konnte, war mir vorher nicht klar gewesen. Ich vermisste überhaupt keine TV-Sendung und hätte noch sehr lange so sitzen können.

 **DIESE FAMILIE WAR EINFACH ZUM ABSCHLECKEN!!!**

Außer Kai natürlich.

Aber dann war Schlafenszeit. Luke wollte, dass ich ihm „Pfötchen gab" und sagte: **„Gute Nacht, Misserdog. Du bist ein braves Hundepony.** Manchmal bist du ein Monster und kannst Feuer spucken. Aber Dassweeder hat keine Angst vor dir. Ich auch nicht."

AHA.
GUT ZU WISSEN.
BESSER ALS HEULEN WAR ES ALLEMAL.

Alissa gab mir einen Kuss auf den Kopf und flüsterte in mein Ohr, dass ich gut schlafen soll.

„Morgen Abend schläfst du dann bei mir, ja?"

Und dann folgte ich Jonas nach oben in sein Zimmer, in dem es sehr gemütlich aussah.

Die Möbel waren aus braunem Holz, und überall an den Wänden hingen Fotos von Fußballern.

Jonas legte sich in sein Bett und zeigte auf meine Decke, die er genau daneben gelegt hatte.

„Du willst bestimmt nicht alleine unten schlafen, oder?",
fragte er. „Wir lassen immer nur unseren Vogel in Ruhe,
weil er es nicht mag, wenn in der Nacht Menschen um
ihn herum sind. Dann kreischt er immer. Aber wenn du
nicht schnarchst, dann klappt es mit uns bestimmt.
Willst du es bei mir ausprobieren?"

 **ICH WOLLTE.**

„Ich lasse die Tür einen Spalt offen. Wenn du nicht
schlafen kannst, dann gehst du einfach wieder runter,
ja?" Jetzt gähnte auch Jonas und drückte mich.
„Weißt du, Mister Dog, **ich bin so froh,** dass du da
bist", sagte er. „Ich wünschte echt, du wärest nicht nur
zu Besuch bei uns."

Gute Nacht!

Ich spürte seine Hand auf
meinem Kopf, und es war
**ein sehr schönes
Gefühl.**

Immer noch **29. Januar, 7.00 Uhr**

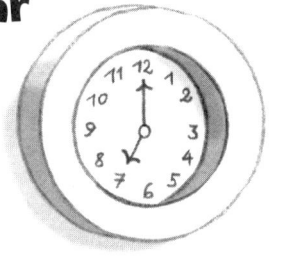

Ein leises Kreischen unterbricht mich bei
meinen Aufzeichnungen.
Es scheint der Papagei in der Küche zu sein.

OB ICH MAL NACHSCHAUEN SOLL?
VIELLEICHT SOLLTE ICH IHM SAGEN, DASS HIER NOCH ALLE
SCHLAFEN UND ER RUHIG SEIN MUSS.
DA! SCHON WIEDER EIN KREISCHEN!

Auf ganz leisen Pfoten laufe ich in die Küche.

Es ist noch ziemlich dunkel, aber im Käfig bewegt
sich etwas.
„Guten Morgen", sage ich leise und versuche, mit
meinem Schwanz die Küchentür hinter mir zuzuziehen.
„Huch! Wer ist da? Hast du mich erschreckt! Verlasse
bitte mein Schlafgemach", bekomme ich als Antwort.
„Ich bin mit meiner Morgenhygiene beschäftigt."
„Okay, aber bitte sei etwas leiser, die schlafen
doch alle noch."

Der Papagei legt den Kopf schief. „Nun ja, ich versuche es. **Warum redest du eigentlich mit mir?** Ich habe es dir doch gestern verboten."

MIR VERBIETET NIEMAND ETWAS.

Ich gehe ganz nah an den Käfig heran. „Warum bist du so gemein zu mir? Du kennst mich doch gar nicht."
„Ich will dich auch nicht kennenlernen."
Ich setze mich. **„Warum eigentlich nicht?"**

Der Vogel springt auf ein höher gelegenes Stäbchen.
„Ach bitte, akzeptier es einfach. Ich bin gern nur für
mich. Ich beobachte viel, und mir gefällt die Entwicklung
in diesem Haus nicht besonders.
Normalerweise bin ich die **Nummer eins,**
jetzt haben sie sich einen Gast-Hund
angeschafft."
Ich kratze mich am Ohr. „Aber warum sollte es
mit zwei Haustieren nicht klappen?"

Er redet einfach weiter. „Wusstest du, dass **Dassweeder**
eine nicht gerade sympathische Figur aus einer Film-
reihe ist? Und im Original heißt er auch anders, aber
der Kleine, dem ich eigentlich gehöre, kann es nicht
aussprechen. Ich weiß gar nicht, warum ich so einen
negativ behafteten Namen bekommen musste.
Sehe ich etwa aus wie ein Typ, der mit einem
schwarzen Umhang und Maske rumrennt?"

Er schaut mir direkt in die Augen.
„Okay, dein Name ist auch nicht viel besser."
„Warum? Klingt doch ziemlich cool", protestiere ich.
Der Papagei fängt an zu lachen. „Cool?", fragt er und
lacht noch mehr. „Du findest **MISTER DOG** also cool?
Du weißt, dass es nur **Herr Hund** bedeutet?
DAS ist doch alles andere als cool." Er schnaubt

verächtlich. „Na ja, was will man schon von einem vier-
beinigen Wesen erwarten?"

Ich bin beleidigt. Warum sagt er so gemeine Dinge,
wenn er mich doch gar nicht kennt?

„Meinst du etwa, Dassweeder klingt besser?", gebe ich
zurück.
Offensichtlich lande ich einen Treffer, denn er schweigt
und ist offenbar eingeschnappt. Schließlich nickt er.
„In diesem Punkt muss ich dir recht geben. Mein Name
ist sehr komisch, er wurde aber auch von einem Fünf-
jährigen ausgesucht. Ich würde sowieso am liebsten
Cäsar oder **Zeus** heißen. Groß und
mächtig, verstehst du?

Und dir würde ich einen tollen italienischen
Namen verpassen: **Mario-Luigi-Tonno-Parmesan!**"
Er kreischt schon wieder vor sich hin. „Funny, oder? Ich
bin eben sehr kreativ."

„Sei doch bitte LEISE!", ermahne ich ihn. Auf seinen Witz
gehe ich gar nicht erst ein. **Parmesan, pah!**

Der Papagei plustert sich auf. „Mir schreibt niemand etwas vor. Diese Kinder wollen auch immer, dass ich Wörter in ihrer Sprache nachspreche. Da habe ich keine Lust drauf.
Wir sind doch nicht im Zirkus!
Und auch du hast mir nichts zu sagen, klar? Und jetzt verlass bitte den Raum, ich will mir die Federn putzen."

Ich finde ihn **ganz schön frech.**
„Du könntest ihnen einmal den Gefallen tun und wirklich etwas sagen, auch wenn es nur ein Wort ist. Sie lieben dich doch, du bist ihr Haustier."

Dassweeder dreht den Kopf weg. „Lieben? Nun ja, ich bin eben sehr beliebt. Ich mache keinen Dreck und bin pflegeleicht. Mit mir muss keiner spazieren gehen, und ich werfe auch keine Gegenstände um. Außerdem habe ich in diesem Haus einen festen Platz, was man von dir nicht behaupten kann. **Du bist hier nur auf der Durchreise."**

DAMIT HAT ER LEIDER TOTAL RECHT.

91

Ich will noch etwas sagen, werde aber von Kai unterbrochen, der gerade in einem karierten Schlafanzug die Küche betritt und beinahe über mich stolpert.

Uuuaah!

„Schei... ähm ... boah, Hund, hast du mich erschreckt!" Er sieht mich prüfend an. „Was machst du überhaupt so früh hier in der Küche? **Hast du schon wieder etwas angestellt?** Ach ... richtig ... du bist ein Hund ... also willst du wahrscheinlich nach draußen ... **Nee ... Keine Lust ...** viel zu kalt ... Hunde sind wohl nichts für uns ... **Pinkel hier bloß nicht auf den Boden**, hörst du?" Er kratzt sich am Kinn. „Was mache ich jetzt mit dir?"

Der Papagei lacht schallend. **„Der kann dich aber gut leiden!** Wie lange bleibst du bei uns? Vier Wochen? Darauf würde ich jetzt keine Wette abschließen!"

BLÖDMANN!
UND KAI IST EIN RICHTIGER BLITZMERKER.

„Du bist ein Hund ...", hat er gesagt.

**JA, WAS DENN SONST???
EIN DELFIN???**

„Warum kreischt der Vogel so laut?
Leute, so geht das nicht. Hier ist nicht
die Konferenz der Tiere, und ich bin nicht
Doktor Dolittle! Ich brauche erst einmal einen Kaffee
ganz für mich allein, sonst flippe ich aus!"

GEHEIME
NAPFMELDUNG

Ich glaube, ich hab die Kinder richtig lieb.

Oh ja.

Wer hätte das gedacht?

Und sie verstehen mich.
Selbst der Kleine.

3. Februar, 22.30 Uhr

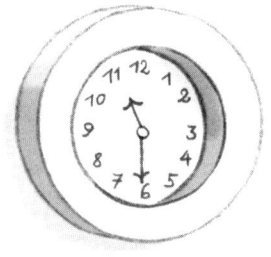

Ich bin jetzt schon fast eine ganze Woche bei Familie Dorlinger, und es gefällt mir hier immer besser! Bis auf Kai, aber der ist zum Glück den ganzen Tag bei der Arbeit. Abends versuche ich ihm aus dem Weg zu gehen und achte ganz besonders darauf, dass ich alles richtig und nichts kaputt mache.

**DESHALB IST ES UMSO BLÖDER,
WAS MIR HEUTE PASSIERT IST!**
AUCH WENN ES KEINE ABSICHT WAR UND ICH ES NICHT BESSER WUSSTE!
DOOF! DOOF! DOOF!
DAZU GLEICH MEHR ...

doof!

Zuerst die erfreulichen Neuigkeiten:
Jonas, Alissa und ich sind mittlerweile beste Freunde geworden. Luke braucht noch ein bisschen, aber auch wir verstehen uns von Tag zu Tag immer besser. Die beiden älteren Kinder halten wirklich Wort und kümmern sich um mich.

Sie gehen entweder abwechselnd oder gemeinsam mit mir nach draußen (mittlerweile darf ich auch öfter von der Leine gelassen werden, **HURRA!**), machen meine Näpfe sauber (und FÜLLEN

sie auch ordentlich, zweimal am Tag, **HURRA!**) und, was das ALLERBESTE ist:

Wir spielen sehr viel zusammen!

Ich hatte das früher nicht vermisst, das lag aber nur daran, dass ich **gar nicht wusste,** dass man so viel zusammen machen kann!

BEI FRAUCHEN IST MEIN LEBEN WIRKLICH TOTAL ANDERS, UND ICH FRAGE MICH, WIE ES WOHL NACH MEINER RÜCK-KEHR SEIN WIRD ...

Lieber noch nicht darüber nachdenken!

Jede Nacht schlafe ich abwechselnd bei Jonas und Alissa im Zimmer und kann mir gar nicht mehr vorstellen, irgendwann wieder ALLEIN in einem Raum die Nacht zu verbringen.

ICH VERSTEHE JETZT, WAS MEINE HUNDE-FREUNDE MEINTEN, ALS SIE IMMER SO ANGEBERISCH VON **IHREN FAMILIEN** GESPROCHEN HABEN!

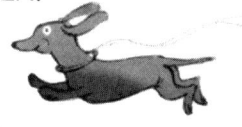

ICH BIN JETZT AUCH GANZ STOLZ!
ICH BIN EINDEUTIG EIN FAMILIENHUND
MIT DREI KINDERN! WOW UND WUFF!

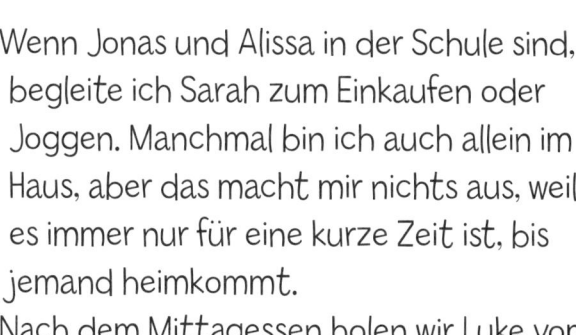

Wenn Jonas und Alissa in der Schule sind, begleite ich Sarah zum Einkaufen oder Joggen. Manchmal bin ich auch allein im Haus, aber das macht mir nichts aus, weil es immer nur für eine kurze Zeit ist, bis jemand heimkommt.
Nach dem Mittagessen holen wir Luke vom Kindergarten ab, der jeden Tag mindestens einen Versuch unternimmt, auf mich raufzuklettern und dann reiten zu wollen.

Sobald ihn ein Familienmitglied ermahnt, fängt er sofort an zu HEULEN und schreit herum, dass er **ANGST VOR MIR HAT!**

Inzwischen nimmt ihn niemand mehr ernst – **außer Kai.** Wenn er das mitbekommt, dann sagt er meistens so etwas wie: „Wir können keinen Hund im Haus haben, wenn nicht alle Familienmitglieder damit klarkommen. Sobald der Dog weg ist, müssen wir noch einmal ernsthaft darüber sprechen, ob wir auf Dauer einen eigenen Hund haben wollen."
Sobald ich weg bin.
Ein eigener Hund.
DIE WORTE TUN WEH, ABER ICH VERSUCHE, SIE ZU IGNORIEREN.

Ich tröste mich mit dem Gedanken, dass ich bei Frauchen wieder fernsehen darf und dass sie sich sicher auch schon auf mich freut.

ganz toll ...

Aber ehrlich gesagt vermisse ich das TV-Programm überhaupt nicht und mag es viel lieber, wenn Jonas oder Alissa mir ihre Geschichten aus der Schule und von ihren Freunden und Hobbys erzählen.

Alissa ist im vierten Schuljahr, hat zweimal in der Woche Schwimmtraining, und ihre besten Freundinnen heißen Kim, Hanna und Lucy.

Jonas geht in die fünfte Klasse, spielt Fußball im Verein und hat ganz viele Freunde, deren Namen ständig wechseln.

Luke ist fünf, geht in den Kindergarten, wo er auch turnt und eine Musikgruppe besucht. Wenn seine Freunde zu Besuch kommen, behält sie Sarah immer im Auge, denn meist haben alle erst Angst vor mir und rufen:

„Boah, ist das ein riiiiesiger Hund!"

Aber nach einer Weile wollen sie dann alle Cowboy spielen und auf mir reiten, oder sie setzen sich in einen Schlitten und binden mich vorne dran, damit ich sie ziehe.

Überhaupt, was diese Dorlinger-Kinder so alles erleben! Mit Lehrern und Klassenarbeiten und Diktaten und Lesestunden und Bastelrunden und Trainingseinheiten und Verabredungsnachmittagen und Hausaufgaben! Wie die es schaffen, **bei dem ganzen Trubel** den Überblick zu behalten, ist mir schleierhaft.

Frauchen dagegen erzählt mir nur selten etwas. Mir wird klar, dass meine Unterhaltung bei ihr sehr oft aus dem Fernsehkasten kam. Warum habe ich nur gedacht, dass ich dadurch klüger als andere wäre?

Aber nun zu den heutigen Ereignissen:

Eine Sache war zum Jaulen schön,
die andere zum Jaulen schrecklich ...

Rückblick: 10 Uhr

ZUM JAULEN SCHÖN:
ICH BIN AB SOFORT IN LOVE ...

Sarah hat mich heute Morgen zum Joggen in den Wald mitgenommen. Dort lag überall Schnee, und es sah sehr stimmungsvoll aus. Wir hatte gerade Tempo aufgenommen, als uns eine andere Frau einholte, und diese hatte ... das Labrador-**Topmodel** Kimba dabei!

Zum Glück war ich nicht mehr angeleint! Erst war ich total eingeschüchtert von so viel Schönheit, aber Kimba hat mich sofort **angelacht** und zum Spielen im Schnee aufgefordert! Während die beiden Frauen ihren Sport machten, sind wir herumge-flitzt, gesprungen und haben uns in den Schnee geworfen, bis er nur so wirbelte. Dann sind wir nebeneinander gelaufen und haben uns alles voneinander erzählt.

Kimba ist auch ein Familienhund, aber mit nur einem Jungen. Voller Stolz erzählte ich ihr von **„meinen"** drei Kindern, und sie lachte über den ganzen Trubel, der bei uns herrscht.

Als wir uns verabschieden mussten, tat es uns beiden leid, **aber wir werden uns ganz bestimmt bald wiedersehen.**

ICH HOFFE ES SEHR UND FREUE MICH
JETZT SCHON DARAUF!

Rückblick: 17 Uhr

ZUM JAULEN SCHRECKLICH:
MEIN EINSATZ BEIM FUSSBALL ...

Am Nachmittag durfte ich mit Jonas
und seinen Eltern zu einem Fußballspiel
 gehen. Er hatte jeden Abend
davon gesprochen, dass sein
Verein bald ein wichtiges Match hat.
„Darf Mister Dog beim Fußball zuschauen? Bitte,
Mama!", bettelte er die ganze Zeit, und Sarah meinte,
sie habe nichts dagegen, solange ich angeleint wäre
und nicht bellen würde. „Sonst könnten sich die anderen Leute erschrecken."

ICH WAR DOCH KEIN MONSTER!
WARUM SOLLTEN SICH DIE ANDEREN LEUTE
ERSCHRECKEN?

Alissa und Luke wurden von **Oma und Opa**
abgeholt, die ich schon vor ein paar Tagen kennenlernen durfte. Die zwei habe ich sofort ins Herz

geschlossen, denn sowohl Oma als auch Opa hatten die Taschen voller Leckerlis für mich und steckten mir immer mal wieder heimlich welche zu.

SO LIEBE UND NETTE MENSCHEN!!!

Als Kai von der Arbeit nach Hause kam, warteten Sarah, Jonas und ich schon auf ihn. Ich wollte beweisen, dass ich alles brav mitmache, und sprang gehorsam in den Kofferraum von Kais Auto. Ich würde mich vorbildlich benehmen und der ganzen Familie zeigen, dass man mich überallhin mitnehmen konnte!

Auf dem Fußballplatz lief Jonas zu seiner Mannschaft, und ich wäre gern hinterhergelaufen, aber Kai hielt meine Leine fest. **„Bei Fuß, hiergeblieben!"**

 **OKAY, OKAY!** ICH WOLLTE NUR MAL SCHAUEN, WAS DIE JUNGS SO MACHEN!

Jonas' Eltern stellten sich zu einer Gruppe anderer Erwachsener, und ich kapierte, dass auch ich hierbleiben musste. Ich setzte mich und sah mich neugierig um.

Interessant, interessant. Fußballplätze kannte ich bisher nur aus dem Fernsehen. Das Gras darauf war ziemlich grün, obwohl drum herum ja noch Schnee lag.

b die den irgendwie geschmolzen oder weggefegt hatten?

So eine schöne Wiese! Konnte man darauf vielleicht auch mal pinkeln? Bislang war der Rasen noch leer, und ein Hund kann immer ein paar Tropfen loswerden.
Ich merkte, dass Kai die Leine gelockert hatte, weil er sich unterhielt. Ihm würde es doch gar nicht auffallen, wenn ich jetzt mal kurz auf den Platz lief, oder?
Weiter überlegte ich nicht, sondern sah nur das schöne grüne Gras vor mir ...

EINE EINLADUNG!

Ich rannte einfach los. Niemand hielt mich auf. Schon spürte ich das weiche Gras unter meinen Pfoten ... Und es war gar nicht kalt! Hatten die hier etwa eine Rasenheizung?

Wo könnte ich denn am besten ...?

Ich hockte mich hin.

Doch nicht.

Ich drehte mich um meine eigene Achse.

Ich hockte mich wieder hin.

Lieber noch einen Meter weiter laufen.

Was macht der HUND denn da?

Die laute Stimme einer Frau ließ mich zusammenfahren. „Will der etwa sein Geschäft verrichten? Mitten auf dem Fußballplatz? **Wie eklig!** Wem gehört der?"

Einige weitere Stimmen wurden laut und dann ...

„MISTER DOG! HIERHER! SOFORT!"

Das war eindeutig Kai. Und er klang alles andere als nett. Um nicht zu sagen: **Furcht einflößend!**

Hilfe !!!

Habe ich etwas falsch gemacht?

Ich lief augenblicklich zu ihm, und er kam mir auch
schon entgegen. Sein Gesicht sah richtig **SAUER** aus.
So **WÜTEND** hatte ich ihn bisher noch nie gesehen!!!
„**Pfui!** Das darfst du nicht! Hörst du! Du ..."

Sarah tauchte hinter ihm auf und unterbrach ihn.
„Schon gut, Kai, er hat ja zum Glück
nicht. Und ich glaube, er versteht
jetzt, dass er nicht auf diesen
Rasen gehen darf. Hättest du seine
Leine nicht losgelassen, dann
wäre das auch nicht passiert."

GENAU.
WOHER HÄTTE ICH
WISSEN SOLLEN,
DASS MAN DIESE
GRÜNE WIESE
NICHT BETRETEN
DURFTE?

EIGENTLICH WAR KAI SCHULD.
Aber okay, ich hab's kapiert.
Das werde ich nie wieder tun.
Kein Pipi oder gar mehr auf dem Fußballplatz.
Versprochen.

Ich versuchte, **niedlich** auszusehen und einen entschuldigenden Blick hinzukriegen, war mir aber nicht sicher, ob es gelang.

Ein paar Leute lachten, und dann schien sich auch Kai wieder zu entspannen. **„Na, vielleicht hätte es unserer Mannschaft auch Glück gebracht"**, sagte er.

Den Spruch kapierte ich nicht, aber egal. Dann kamen viele Jungs auf den Platz. Ich entdeckte sofort **Jonas** unter ihnen, den ich nicht mehr aus den Augen ließ. Er rannte hin und her und schien immer den Ball kriegen zu wollen – genauso wie die anderen Jungen auch.

DAS VERSTAND ICH!
ICH LIEBTE ES AUCH, HINTER DEM BALL HERZUJAGEN.
UND MEISTENS WAR ICH ERSTER!

Ob ich mal eben mitspielen konnte? Ich versuchte, loszurennen, aber Kai hielt meine Leine diesmal ziemlich fest. **„Sitz. Platz. Bleib!"**, kommandierte er. Na gut, dann eben nicht. Ich legte mich auf den Bauch und beobachtete Jonas weiter. Er bekam den Ball zu fassen und trat ganz kräftig dagegen. **Der Ball flog in das Netz!**

Alle sprangen auf und applaudierten. Und Jonas jubelte, also hatte er offenbar alles richtig gemacht.

Hey, die Leine war plötzlich wieder locker.

Jetzt konnte ich doch beweisen, dass ich auch blitzschnell den Ball schnappen und damit schießen würde! Ich war auch ein guter Spieler! **Applaus, bitte!**

Schon war ich in Bewegung und rannte! Wo war der Ball? Ah, noch in diesem Netzkasten, den würde ich bekommen!

„Mister Dog!"

„Wem gehört der Hund?"

„Was will der denn?"

„Mist-Köter!"

„Mister Dog!"

„Ein Hund!"

„MISTER DOG!!!"

Die Stimmen vermischten sich, und ich nahm sie erst wahr, als ich den Ball vor meinem Kopf hatte. Er war ganz schön groß und viel schwerer als der kleine, mit dem ich sonst mit den Kindern spielte. Ich konnte ihn nicht gut fassen, also schob ich ihn mit dem Kopf an.

Guter Schuss!

„Noch ein Tor!"

„Mister Dog!"

„Der war nicht schlecht!"

Hatte mich jemand gerufen? Ein Pfiff ertönte. „Kurze Unterbrechung, bis der Hund weg ist!"

„Mister Dog!" Auf einmal war Jonas neben mir, und ich freute mich so sehr ihn zu sehen, dass ich an ihm hochsprang und wir beide auf den Rasen fielen. Ich schleckte ihn ab, und er lachte und lachte und lachte.

„Ist das dein Hund? Der ist aber cool! Und so groß!"', hörte ich ein paar der Jungs sagen. „Er hat auch ein Tor geschossen!"

„MISTER DOG! KOMM SOFORT HER!"

Oje, das war schon wieder Kai.

GANZ SCHÖN LÄSTIG, DER MANN.

WO JONAS UND ICH DOCH GERADE SO SCHÖN
MIT DEM BÄLLCHEN SPIELTEN.

SAH ER DENN NICHT, WIE VIEL SPASS WIR HATTEN,
DER ALTE SPIELVERDERBER?

110

„Mister Dog! Aus!"

Das war Jonas, und er streichelte meinen Kopf. „Du musst wieder zu Mama und Papa, die sind ganz schön sauer. Bei unserem Spiel darfst du leider nicht mitmachen! Wir spielen nachher wieder, ja?"

„MISTER DOG! BEI FUSS!" Kai schon wieder. Okay, er klang zum zweiten Mal richtig wütend. Es war bestimmt nicht klug, ihn weiter zu ignorieren.

Ich sah mich um, und da kam er schon. Oh, oh. Jetzt aber schnell gehorchen. Offenbar hatte ich wieder etwas falsch gemacht.

Wieso durfte ich beim Spazierengehen immer mit den Kids Fußball spielen und hier nicht???

Erst auf der Rückfahrt im Auto wurde mir klar, dass ich wohl einige **FEHLER** gemacht hatte ...
Kai regte sich total darüber auf, dass ich zweimal auf den Platz gelaufen war.

„Erst wollte er tatsächlich ihr-wisst-schon-was machen, und dann hat er einfach das Spiel gecrasht! **Unfassbar!** Was kommt als Nächstes? Beißt er einen Gegenspieler, wenn dieser Jonas den Ball abnimmt?"

ALSO BITTE.

Hä?

ICH BISS DOCH AUCH NIEMANDEN, DER MIR DEN BALL ABNAHM.
DAS WAR NUR EIN SPIEL!

Dennoch legte ich die Ohren an.
Okay, ich hatte verstanden, dass es doof gewesen war, auf den Fußballplatz zu laufen.

doof!

Jonas und Sarah nahmen mich in Schutz, aber Kai war von seiner Meinung nicht abzubringen.
„Ich bin mir nicht sicher, ob es richtig war, ihn bei uns aufzunehmen", hörte ich ihn weiter sagen.
„Selbst für diese vermeintlich kurze Zeit. So ein ausgewachsener Hund macht doch

mehr Probleme, als ich dachte. Was stellt er denn als Nächstes an? **Wir müssen ihn im Auge behalten,** und wenn es gar nicht geht, dann muss er eben wieder weg." Jonas drehte sich zu mir um und streichelte über meinen Kopf. „So ein Quatsch! Das war doch nicht so schlimm, Papa!", widerspricht er. „Alle fanden es lustig. Du hättest die Leine nicht loslassen dürfen."

Sarah kicherte. „Aber so haben wir gesehen, dass Mister Dog eindeutig Talent hat. Ihr hättet ihn besser Ronaldo oder Messi nennen sollen."
„Habt ihr seinen Kopfball gesehen? Selbst mein Trainer war beeindruckt", rief Jonas. „Papa, du musst zugeben, dass nach dieser Aktion alle Mister Dogs erste Rasen- aktion schon wieder vergessen hatten!"

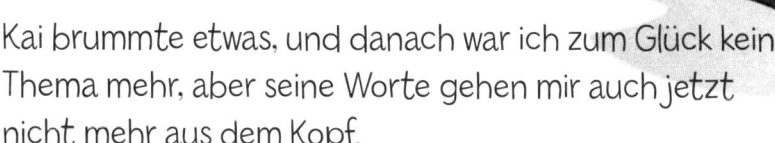

Kai brummte etwas, und danach war ich zum Glück kein Thema mehr, aber seine Worte gehen mir auch jetzt nicht mehr aus dem Kopf.

Der Gedanke, dass er mich weggeben würde,
    ist einfach
UNERTRÄGLICH!

jaul

9. Februar, 23 Uhr

Ich kann nicht schlafen!

Das Thema **„Hunde-Hotel"** wurde in meinem Beisein nicht mehr erwähnt, aber ich hatte mir auch alle Mühe gegeben, Kai aus dem Weg zu gehen.

Mit den Kindern ist es einfacher, und auch Sarah scheint insgesamt gelassener zu sein, selbst wenn mir mal wieder ein Missgeschick passiert.

Heute waren wir wieder im Wald, und dort habe ich **Kimba** wiedergesehen. Mein Herz klopfte ganz laut, und wir haben uns sofort wieder MEGAGUT verstanden.

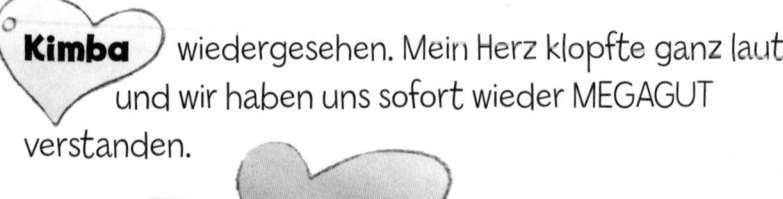

MEGAGUT ist derzeit der Lieblingsausdruck von Jonas. Genauso wie **MEGAKRASS.**

Jedenfalls habe ich Kimba von meinen Erlebnissen auf dem Fußballplatz erzählt. Schonungslos alles.

SIE LACHTE MICH ÜBERHAUPT NICHT AUS!!!

Ich habe das Gefühl, dass sie mich versteht, denn sie meinte, ich sollte mir nicht so viele Sorgen machen. Und dann sagte sie noch, Kai habe bestimmt eine harte Schale, aber einen weichen Kern.

Ich habe genickt, aber nicht wirklich verstanden, was das bedeutete. Es war mir aber auch **peinlich,** danach zu fragen.

Deshalb habe ich heute Abend immer wieder Kais Beine angestupst, um zu fühlen, ob dort **irgendwas Weiches** darunter verborgen ist.

„**Was ist denn, Dog?**", fragte Kai und schien irritiert zu sein. „Was willst du?"

„**Er heißt Misserdog, Papa!**", korrigierte ihn Luke. Alissa öffnete ihre Zöpfe. „Er heißt MISTER DOG, und das weißt du ganz genau, Paps. Ich glaube, er will dir sagen, dass er dich mag."

„**Echt?**"

DAS WOLLTE ICH GANZ BESTIMMT NICHT.
ICH WOLLTE NUR DEN WEICHEN KERN
FINDEN.
VIELLEICHT MUSSTE ICH NUR AN EINER
ANDEREN STELLE SUCHEN?

Als sich Kai nach unten beugte, um seinen Kindern den Gute-Nacht-Kuss zu geben, stupste ich ihn in die Seite. Erst ganz sanft, aber da ich nichts spüren konnte, noch einmal etwas kräftiger.

MIST! MIST! MIST!

ER WACKELTE UND VERLOR FAST SEIN GLEICHGEWICHT!
„Hey! Was soll das?", blaffte er mich an.
„Willst du mich umwerfen? Das macht man nicht.
Wirst du jetzt gewalttätig oder was?"

Jonas schüttelte den Kopf. „Papa, er sucht deine Nähe, weil er weiß, dass du der Rudelführer bist."

ACH, WAR ER DAS?
BIS DAHIN HATTE ICH MIR DARÜBER
NOCH KEINE GEDANKEN GEMACHT.

Sein letzter Satz war **vollkommen daneben** und **über-flüssig** und machte mich sauer. Etwas Weiches habe ich auch nicht wirklich fühlen können. Vielleicht hatte er keinen solchen Kern, oder Kimba meinte ein anderes Körperteil.

Ob ich an seinen Kopf rankam, wenn ich mich auf die Hinterbeine stellte?
Lieber nicht. Sein Gesichtsausdruck verhieß nichts Gutes, also machte ich mich daran, schleunigst aus seinem Blickfeld zu verschwinden.

14. Februar, 6.00 Uhr

Es sind wieder ein paar Tage vergangen, und ich bin zum Glück noch immer der Familienhund!

WAS FÜR EINE SCHÖNE BEZEICHNUNG!!!

Ich komme kaum dazu, meine Einträge zu machen, denn jeden Tag passieren ganz viele verschiedene Sachen, und ich bin abends viel zu müde, um noch mein Tagebuch zu führen.

Heute hat mich **Kimba** gefragt, ob ich mir vorstellen könnte, länger hierzubleiben. NATÜRLICH KÖNNTE ICH DAS! **NICHTS LIEBER ALS DAS!**

ICH HABE AUCH SCHON ÜBERLEGT, WIE ICH FRAUCHEN DAZU BRINGEN KÖNNTE, MIT MIR HIERHER IN DIE NACHBARSCHAFT ZU ZIEHEN.

Hier gibt es so vieles zu entdecken und so viele schöne Ecken! Ich habe Hunde-Kumpels, ich habe ein Topmodel als Freundin, und ich HABE DIE DORLINGERS IN MEIN HERZ GESCHLOSSEN!!!

Deshalb muss ich es einfach aufschreiben:
Die Hälfte meiner Zeit hier ist um.
Mir bleiben nur noch zwei Wochen.
LEIDER!

Nun noch
2
Wochen!

Dann bekommen sie vielleicht einen eigenen Hund, der **für immer** bleiben darf.
Einen Welpen, dem sie alles beibringen können.
Der ihr richtiger Familienhund wird.

Schluchz

Ich bin ja nur der Hund auf Probe.

Dabei läuft es momentan ganz prima mit uns allen. Ich weiß nicht, wer sich für mich eingesetzt hat, aber ich durfte tatsächlich sogar wieder zum Fußballplatz mitgehen und Jonas beim Spielen zuschauen. Allerdings hatte Kai sich diesmal meine Leine ganz fest um sein Handgelenk gewickelt, damit er das Festhalten nicht vergaß. **Seine Hand war danach ganz weiß,** und er konnte sie nicht gut bewegen, aber das war ja nicht mein Problem.

AUSSERDEM WAR ES ÜBERFLÜSSIG, DENN ICH HATTE MIR ALLES GEMERKT UND WÜRDE JETZT AUF KEINEN FALL MEHR AUF DEN RASEN LAUFEN.

ICH BIN DOCH KLUG.

Es sei denn, ein Hase oder eine Katze würden sich dort blicken lassen, dann - **SORRY!!!** - müsste ich das Tier verjagen, denn einer sollte immer für Ordnung in der Natur sorgen.

Apropos andere Tiere: Mit diesem Dassweeder oder wie der heißt, komme ich noch immer nicht gut klar.

Er ignoriert mich, oder wir ärgern uns gegenseitig.

Gestern hatte
mir der Papagei
doch tatsächlich **ein
Stück Möhre** an den Kopf geworfen,
während ich in der Küche mein Mittagessen genoss.

Wie er das geschafft hatte, weiß ich nicht,
aber plötzlich machte es **PENG,** und etwas traf mich
am Hinterkopf.

Dassweeder lachte ziemlich dreckig, und mir war klar,
dass er es extra gemacht hatte.

ABER RACHE IST JA SÜß!

Ich warf zuerst meinen Wassernapf
um, legte mich dann in die
Riesenpfütze hinein,
wälzte mich so lange hin und her,
bis das Wasser von meinem Fell aufgesogen war
und dann stellte ich mich direkt vor seinen Käfig.

Mit den Worten: **„Sie haben eine kostenlose Dusche in meiner Waschanlage bestellt?"**, schüttelte ich mich kräftig, sodass das Wasser direkt auf ihn spritzte und er kreischend in seinem Käfig herumsprang.

KREISCH

Dusche gefällig?

„Hör auf! Nein! Meine Federn werden nass! Das kriegst du zurück, du ... du ... fieses, mieses, niederträchtiges Objekt!", rief er die ganze Zeit. **„Zum Glück bist du bald wieder weg!"**
Natürlich bekamen auch die Möbel und die Tapete einige Spritzer ab, aber wir waren allein, und bis Sarah nach

Hause kam, waren die meisten Flecken verschwunden, und nur noch ein paar schwarz-weiße Haare klebten an den Wänden.

ICH HOFFE, DASS SIE DAS NOCH NICHT BEMERKT HAT! **ODER KAI!!!!!!!**

Jetzt bin ich wie immer früh wach und betrachte Alissa, die im Schlaf etwas vor sich hin murmelt. In einer Stunde klingelt ihr Wecker, und dann muss sie zur Schule. Gestern Abend hat sie mir von einem Streit mit ihrer Freundin Kim erzählt. **Sie hat ihren Kopf in mein Fell gesteckt und mich dabei ganz fest an sich gedrückt.** „Ich habe eine Eins im Mathe-Test bekommen und Kim eine Drei. Sie hat dann behauptet, dass ich der Liebling von unserer Lehrerin bin und deshalb gute Noten kassiere! Das fand ich so gemein! Sie ist nicht mehr meine Freundin."

WIRKLICH GEMEIN VON DIESER KIM!

Sie war eindeutig eifersüchtig und hat deshalb so etwas gesagt.

 **ICH WAR NATÜRLICH SOFORT AUF ALISSAS SEITE.**

Zum Trost habe ich ihre Ohren und ihre Wange abgeschleckt, und sie hat gekichert und „Das dürfen wir
Mama und Papa nicht erzählen, die finden das eklig"
gesagt.
Wenn Kim mal wieder vorbeikommt, dann werde ich
sie **ganz böse anknurren,** selbst wenn die zwei sich bis
dahin wieder vertragen werden, das steht schon mal
fest.

FALLS ICH DANN NOCH HIER BIN.

Wie blöd, dass alle guten Gedanken jetzt mit diesem
Nachsatz enden.

GEHEIME
NAPFMELDUNG

Es ist ganz ruhig im Haus, und ich liege in meiner Wanne im Esszimmer.

ICH HABE DEN ABSOLUTEN **HUNDE-BLUES!!!**

alles doof

20. Februar, 14 Uhr

Die letzte Woche als **Gast-Hund** MEINER Familie hat begonnen. In sieben Tagen kommt Frauchen zurück. Das weiß ich deshalb so genau, weil es mir Jonas gestern Abend mit einer ganz traurigen Stimme sagte.

„Mister Dog, am Freitag feiert meine Schule ein Karnevalsfest. Normalerweise würde ich mich darüber freuen, aber ich möchte viel lieber zu Hause bei dir bleiben und gar nicht hingehen. Denn **am Sonntag kommt Tante Klara von ihrer Reise zurück,** und Papa meinte, sie würde dich bestimmt sofort abholen. Wir haben jetzt nur noch so wenig Zeit miteinander! **Ich will mich gar nicht von dir trennen!"**
Er setzte sich auf den Boden, streckte seine Beine aus, und ich legte meinen Kopf auf seinen Schoß.
ICH WOLLTE MICH AUCH NICHT VON IHM TRENNEN!

NATÜRLICH AUCH NICHT
VON ALISSA!
ODER VON LUKE!
AUCH NICHT VON SARAH!

Ja, selbst von Kai nicht.
Er achtet auf seine Familie und macht sich immer
Sorgen um alles, das habe ich mittlerweile verstanden.
Auch wenn es bedeutet, dass er mich manchmal
kritisiert.

ICH WEISS JETZT SCHON, DASS ICH
SIE ALLE UNGLAUBLICH VERMISSEN
WERDE - SOGAR DASSWEEDER!

ICH KÖNNTE LAUT LOSJAULEN,
SO SEHR MACHT ES MICH FERTIG!
Und sobald ich darüber nachdenke,
habe ich **keine Lust mehr, irgend-
etwas zu machen.**
Selbst Dassweeder will ich dann nicht mehr ärgern.
Ich unterbreche meine Aufzeichnungen, weil ich Durst
habe. Mal sehen, ob in meiner Schüssel noch Wasser ist.

HUCH!

In der Küche sitzt **Kai** am Tisch und liest die Zeitung. Ich hatte ganz vergessen, dass Sarah und die beiden größeren Kinder heute irgendwelche Termine haben. Kai ist für Luke zuständig und dafür früher von der Arbeit nach Hause gekommen. Gleich wird es Zeit, den Kleinen vom Kindergarten abzuholen, und ich weiß nicht, ob ich wie immer mitgehen darf.

Nimmt er mich mit?

Ich versuche, so leise es geht, mein Wasser zu trinken, und will mich möglichst unauffällig wieder verdrücken, um ihn nicht zu verärgern. Ich werde mich in der Nähe der Haustür aufhalten, **dann denkt er bestimmt daran, mich mitzunehmen.**

Aber natürlich muss dieser alte Verräter **Dassweeder** mir einen Strich durch die Rechnung machen, indem er vor sich hin krächzt.

„Na, komisches vierbeiniges Wesen? Hat heute dein letztes Stündlein bei uns geschlagen? Du bist das erste Mal nur mit Kai allein im Haus, nicht wahr? Oh, oh! Sieh dich vor!"

ICH SPÜRE, WIE ICH WÜTEND WERDE.

„Na und?", gebe ich zurück. „Ich komme
mit ihm sehr gut klar, danke der Nachfrage. Oder willst
du plötzlich in meiner letzten Woche doch noch mein
Freund werden?"

Der Papagei sieht mich an. **„Nein, im Gegenteil.** Ich
zähle die Tage, bis du wieder weg bist. Es ist aber be-
kannt, dass du öfter Probleme mit Kai bekommst. Jede
Wette, dass du heute noch etwas anstellst. Ich werde
dich beobachten und mich köstlich
amüsieren!"

Kai lässt die Zeitung sinken.

„Knurrst du etwa den Vogel an, Dog?"

Er schaut erst zu mir und dann
zu dem Käfig. „Und was ist mit dir
schon wieder los, Vogel? Warum
kreischst du so laut? Fast
könnte man meinen, dass
ihr miteinander streitet. Ich
würde gern in Ruhe den Sportteil zu Ende lesen!
Also seid ruhig! Alle beide!"

NA SUPER.
ICH WOLLTE DOCH NICHT UNANGENEHM AUFFALLEN.
WARUM MUSS ICH MICH IMMER PROVOZIEREN LASSEN?

129

Der Papagei dreht sich weg und ist von nun an stumm, und ich überlege, wie ich dem Familienvater am besten aus dem Weg gehe. **Seine Laune scheint ja richtig mies zu sein.** Dummerweise hat er aber die Küchentür hinter sich zugemacht, sodass ich jetzt nicht mehr rauskann. Mein Blick fällt auf den runden weißen Hocker, der in der Ecke steht. Ohne nachzudenken, laufe ich darauf zu und versuche, mich irgendwie darunterzuquetschen.

Dassweeder dreht sich um, und **ich schwöre,** er zeigt mir den Vogel.

EIN VOGEL ZEIGT MIR DEN VOGEL!!!

„Wie hast du es geschafft, deinen riesigen Körper unter den kleinen Hocker zu quetschen?", fragt er und lacht schallend. „Da kommst du doch von alleine nicht wieder raus."

Ich antworte nicht, denn ich will Kai nicht wieder auf mich aufmerksam machen. Hoffentlich hält auch der Papagei den Schnabel! Was glaubt er denn? **Ich bin doch sportlich und dynamisch!**

Ein Blick auf die Uhr verrät, dass nun höchste Zeit ist, in den Kindergarten zu gehen. Aber Kai rührt sich nicht, sondern liest seelenruhig weiter.

WAS SOLL ICH TUN?

Hilfe !!!

Ich überlege fieberhaft, ob ich ihn auf die Uhrzeit aufmerksam machen soll. **Aber wie?**
„Dassweeder, könntest du bitte in der Menschen-sprache **Kindergarten** sagen? Bitte!", flehe ich den Vogel an. „Oder nur das Wort **Uhr**. Oder **Luke**.
Kai kommt sonst zu spät, um den Kleinen abzuholen.
Die schließen gleich den Laden."
Der Papagei krächzt: „Pah, das meinst du doch nicht im Ernst! Ich lerne doch jetzt nicht auf die Schnelle irgend-welche Wörter! So einfach ist das nämlich nicht!"

ICH BIN SICHER, DASS ER NUR KEINE LUST HAT, MIR ZU HELFEN.

Die Zeiger der Uhr bewegen sich weiter, und Kai liest noch immer die Zeitung! Schon jetzt wird er zu spät kommen, aber wenn er gar nicht daran denkt - was wird dann aus Luke?

ICH WERDE NERVÖS und beschließe, mich irgendwie bemerkbar zu machen, in der Hoffnung, dass Kai es kapiert.

So ein Mist!

Ich komme
unter dem
Hocker nicht
hervor!

„Hahaha!", Dassweeder scheint es zu bemerken und lacht sich halbtot. „Du siehst aus wie eine **Schildkröte.** Du müsstest dich mal sehen!"
Sehr witzig.
Kai reagiert selbst auf das Vogelgekreische nicht.
Wird Luke ganz allein vor dem Kindergarten stehen und auf uns warten? Ich weiß nicht, wie die Erzieherinnen das so machen. Gehen die einfach nach Hause?
Ich weiß mir keinen Rat, also belle ich zweimal.
Und zwar ziemlich laut.

„Was ist denn? Sei doch ruhig!"
Kai winkt ab und sieht verärgert aus.
„Warum bellst du denn, Mister ... Mister? Aus!"

WUFF!

Zur Uhr sieht er aber nicht. Also belle ich noch einmal und gehe auf ihn zu.
Ja, mit dem Hocker auf dem Rücken. Blöd, aber ich kann mich nicht befreien.

Dassweeder fliegt vor Lachen fast von der Stange.

HAHAHA!!!

„Ach du meine Güte, siehst du bescheuert aus! Aber farblich gut kombiniert - der weiße Hocker zu dem schwarz-weißen Fell!"
Ich laufe auf Kai zu und stupse ihn mit meinem Kopf an.
Kapier doch endlich!

Du musst los!

Kai missversteht es. „Was hast du denn schon wieder angestellt, du dummer Hund? Warum nimmst du den Hocker mit?"
WEIL ICH IHN SCHÖN FINDE UND GERN DARAUF SITZEN MÖCHTE.
SO EINE DUMME FRAGE.

Ich laufe zur Tür und belle wieder.

Endlich! Kai sieht erst missmutig zu mir und dann auf seine Armbanduhr.

„Wann schließt eigentlich der Kindergarten?", murmelt er mehr zu sich selbst.

Ich belle noch mal und stehe, den Hocker noch immer auf dem Rücken, an der Ausgangstür.

„Oh, bin ich zu spät dran? **Willst du mir das mit deinem Bellen sagen, merkwürdiger Hund?"** Kai sieht mich ganz komisch an.

Ich belle.
JA, GENAU DAS WILL ICH DIR SAGEN, MERKWÜRDIGER MANN!
DU KOMMST ZU SPÄT! VIEL ZU SPÄT!
ICH HOFFE, DASS JEMAND MIT LUKE ZUSAMMEN WARTET.

Kai schnappt sich die Leine, die neben der Tür an der Garderobe hängt, und befreit mich wortlos von dem Hocker. Er macht sie aber nicht fest, sondern nimmt sie in die Hand. „Also los. Weißt du, wo der Kindergarten ist?"

NATÜRLICH.
DU ETWA NICHT?

Ich wundere mich zwar, aber sobald er die Tür öffnet, renne ich schon los. Wir haben doch keine Zeit!

„Hey, warte! Dog! Mister Dog! Lauf nicht weg!", höre ich seine Rufe hinter mir, aber ich laufe weiter. Der Gedanke, dass der Kleine allein vor dem Kindergarten stehen könnte, gefällt mir gar nicht.

Ich werde immer schneller und schneller. Bald höre ich die Stimme von Kai nicht mehr, aber das ist egal. Ich bin gleich da, nur noch eine Straßenecke.

ENDLICH!

Das gelbe Gebäude mit den Sonnen, Blumen und Wolken an den Fenstern ist in Sicht.
VORSICHT! Ein Auto bremst mit quietschenden Reifen ab. Keine Sorge, ich habe es gesehen. Das kenne ich doch von der Stadt, in der ich wohne. Die Autofahrer achten nur selten auf uns.
WO IST LUKE?
DA! ICH SEHE IHN!

Er steht zum Glück nicht allein vor dem Kindergarten, sondern hält die Hand von Frau Klein, einer der

Erzieherinnen. Ich erkenne sie sofort und bin erleichtert.
„Misserdog! Holst du mich heute ab? Guck mal, Frau
Klein, der Misserdog holt mich ab! Kann ich auf dir nach
Hause reiten?" Luke freut sich sichtlich mich zu sehen
und hält mich am Fell fest.
Ich lecke seine Hand und würde ihm am liebsten auch
das Gesicht vor lauter Glück abschlecken, doch ich
weiß, dass Sarah das nicht gut findet. Deshalb halte ich
mich im letzten Moment zurück.

   „Das ist aber seltsam", sagt Frau Klein. „Du kannst
doch nicht nur von eurem Hund abgeholt werden. Wir
müssen deine Mutter anrufen und fragen, was da
schiefgelaufen ist."
   In diesem Moment sehe ich Kai um die Ecke biegen.
Er keucht und winkt von Weitem.
„Papa!" Luke reißt sich von Frau Kleins Hand los und
macht Anstalten, zu ihm zu laufen.

ABER DAZWISCHEN IST DIE STRASSE MIT DEN AUTOS!

AUTOS!!!

Ich denke nicht lange nach, sondern mache einen Hechtsprung und packe den Kleinen von hinten am Pulli. Er stolpert, wackelt, und diesmal kann ich seinen Sturz nicht abfangen. Luke fällt auf die Knie und fängt sirenenartig zu heulen an.

„Der Misserdog hat mich umgeworfen!", jammert er. „Papa! Aua! Meine Knie! Ich will den Monster-Hund nicht mehr haben! Er tut mir immer weh! **Aua!"**

DAS IST NICHT GUT.

ICH HABE IHN WIRKLICH DIREKT VOR KAIS AUGEN UMGEWORFEN.

UND JA, **ES WAR DIESMAL VOLLE ABSICHT.**

Aber was hätte ich tun sollen?

Ihn vor ein Auto laufen lassen?

Nein! Ich würde immer wieder so handeln!

Trotzdem fürchte ich, dass Kai das zum Anlass nehmen wird, um mich sofort loszuwerden.

Mit schnellen Schritten ist er jetzt bei uns und hebt den Kleinen hoch. „Alles in Ordnung? Was tut dir denn genau weh?", fragt er besorgt.

„Meine Knie!", schluchzt sein Sohn und zeigt auf mich:

„Und der ist schuld!"

Kai entschuldigt sich bei Frau Klein für die Verspätung. Was sie genau besprechen, kann ich nicht gut verstehen, denn Luke weint noch immer herzzerreißend und presst das Gesicht an seine Schulter.

**Ich stehe da und weiß nicht,
was ich jetzt machen soll.**

Wenn ich die menschliche
Sprache sprechen könnte, würde
ich ihm sagen, dass ich ihm auf
keinen Fall absichtlich wehtun wollte, aber er durfte doch nicht
auf die Straße laufen!
Und ich würde ihm anbieten, dass er auf mir
reiten darf.
Wenn es bloß bedeuten würde, dass ich nicht vorzeitig
weggeschickt werde!

Es ist nur noch eine Woche ...

BITTE, LASST MICH NOCH SO LANGE BEI EUCH BLEIBEN!

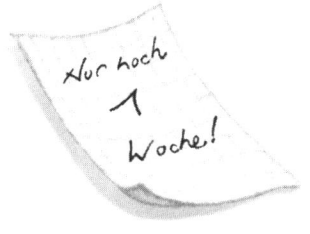

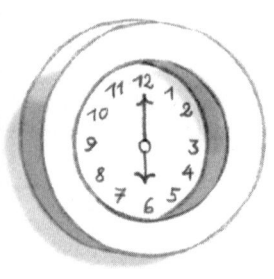

22. Februar, 6.00 Uhr

Glücklicherweise bin ich noch immer bei den Dorlingers und darüber sehr froh. Nach dem Zwischenfall vorgestern hat Kai nicht viel gesagt, mich aber immer wieder ganz komisch angeguckt.

ICH HABE AUF DAS GROSSE **DONNERWETTER** GEWARTET, ABER BISHER IST DAS AUSGEBLIEBEN.

Meine Sorge, dass er mich in ein Hunde-Hotel schickt, ist natürlich immer noch da. **Aber selbst wenn nicht:**

4 Tage
= 96 Stunden
= 5760 Minuten

In vier Tagen muss ich mich sowieso von der Familie verabschieden, um dann wieder mit Frauchen in die Stadtwohnung zu gehen. Irgendwie kann ich mir das gar nicht mehr vorstellen ...

Ich weiß, dass ich mich auf Frauchen freuen sollte, aber das tue ich leider gar nicht richtig. Deshalb habe ich auch ein ganz schlechtes Gewissen.

jaul

Schluchz

Ich wünsche mir nämlich die ganze Zeit, dass ich meine Familie nicht verlassen muss!

MEINE FAMILIE!

SO, JETZT IST ES RAUS!
GENAU DAS IST NÄMLICH PASSIERT:
JONAS, ALISSA, LUKE, SARAH UND SOGAR KAI - JA SELBST DEN VOGEL BETRACHTE ICH MITTLERWEILE ALS **MEINE FAMILIE!!!**

Deshalb ist es umso schlimmer, dass sich Luke meinetwegen am Knie verletzt hat. Bestimmt werden sie mich nie wieder zu sich holen, auch bei Frauchens nächster Reise nicht.
Denn das war noch meine letzte Hoffnung auf ein Wiedersehen. Dass ich während Frauchens Reisen jetzt immer zu ihnen kommen darf ...

Oft genug unterwegs ist sie ja.

Jonas und Alissa haben beide nichts über Luke gesagt, deshalb weiß ich nicht, ob sie das überhaupt wissen. Aber Kai und Sarah haben sich gestern lange in der Küche unterhalten, und ich habe ein paarmal meinen Namen gehört.

Ob es da um den **Zwischenfall am Kindergarten** ging? Waren sie jetzt sehr böse auf mich? Dummerweise hatten sie die Tür geschlossen, der Papagei hat dazwischen gequatscht, und ich konnte nicht lauschen.

ABER MOMENT MAL.

DER PAPAGEI WAR DIE GANZE ZEIT DABEI.

OB ICH IHN FRAGEN SOLLTE???

DAS IST EINE GUTE IDEE!

Ich beschließe, mich in die Küche zu schleichen, bevor die Familienmitglieder dort auftauchen.

Der Vogel mit dem komischen Namen ist auch ein Frühaufsteher, genau wie ich. Mal sehen, ob er gute Laune hat und mir etwas verrät.

„Hey! Was?! Wer ist da?! Also echt, du rücksichtsloser Hund, musst du mich so erschrecken?

Dunkle Gestalten an der Küchentür mag ich gar nicht. Gehst du überall, ohne anzuklopfen, hinein?!", werde ich von ihm begrüßt.

VON GUTER LAUNE KEINE SPUR.

Es schneit! Ich laufe bis an seinen Käfig heran. „Einen wunderschönen guten Morgen ..."

Weiter komme ich nicht, denn der Vogel schlägt mit den Flügeln, und ich spüre, wie Sandkörner aus seinem Käfig direkt auf mich herunterrieseln.

„Es schneit!", ruft er frech.

„Hör auf damit!", protestiere ich.

Er fällt mir ins Wort. „Kämm dir endlich mal die Haare, oder geh zum Friseur, **du siehst ja fürchterlich aus!**

Und merk dir eines: Ich habe noch nie Luke oder irgendwelche Dinge umgeworfen! Dabei bin ich schon viel länger hier als du."

ICH WUSSTE ES.
ER HAT ES ALSO VON IHNEN GEHÖRT.

„Du sitzt auch immer in deinem Käfig, da kannst du gar nicht so tollpatschig sein", gebe ich zurück.

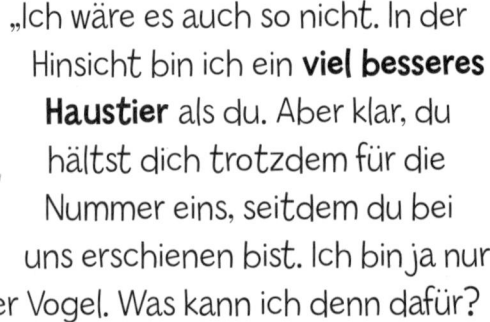

„Ich wäre es auch so nicht. In der Hinsicht bin ich ein **viel besseres Haustier** als du. Aber klar, du hältst dich trotzdem für die Nummer eins, seitdem du bei uns erschienen bist. Ich bin ja nur der Vogel. Was kann ich denn dafür? Ich kann nun mal nicht mit den Kindern Fußball spielen oder sie auf mir reiten lassen - oder was du sonst alles machst. Deshalb werde ich gut und gern ignoriert. Ist mir egal, interessiert mich nicht. **Hau ab."**

Ich stutze. So viel hat er noch nie geredet.

IST ER ETWA EIFERSÜCHTIG AUF MICH?

WIE KIM AUF ALISSA?
IST DAS DER GRUND, WARUM ER IMMER SO
UNFREUNDLICH ZU MIR IST?

Ich versuche, verständnisvoller zu reagieren. „Aber du hast andere Qualitäten. Du bist viel länger hier und alle haben dich genauso gern wie mich. Luke redet ständig von seinem Dassweeder, und außerdem: Man kann doch auch nicht einen Apfel mit einer Birne vergleichen!" Der Papagei wackelt mit dem Kopf. „Spar dir deine armseligen Erklärungen. Was für ein Apfel? Worüber redest du?"

„Ich denke, wir könnten schon längst **Freunde sein,** wenn du akzeptieren würdest, dass wir zwei völlig verschiedene Tiere sind." Er pfeift kurz. „Auch schon erkannt, Einstein? Ich bin kein Hund, der ständig etwas anstellt, so wie du. Und deshalb bin ich viel besser als du.
Ich brauche keine Freunde.
Dich schon mal gar nicht.
Im Gegenteil: Es macht mir Spaß, dich zu ärgern."

ALLES KLAR.
MIR AUCH.

145

Einen letzten Versuch starte ich noch.

„Haben Sarah und Kai gestern über mich gesprochen? Was haben sie noch gesagt?"

Er dreht sich zum Fenster, hinter dem es noch immer total dunkel ist. „Kein Kommentar", sagt er patzig. „Hol dir deine Informationen woanders. **Ich bin doch nicht Google."**

„Also willst du lieber gemein bleiben?", frage ich und bin nun sauer. „Wäre es nicht viel schöner, wenn wir Freunde werden könnten?"

Als Antwort kriege ich noch eine Sandladung direkt auf den Kopf. Ich schüttle mich.

„Huch! Es schneit immer noch!",
lacht der Papagei hämisch.
Ich gehe in Deckung.
Blöder Vogel.

Immer diese patzigen Antworten.
Es ist klar, dass er mir nichts sagen wird.
Zum Abschied werde ich mir aber eine richtig gute Racheaktion für ihn überlegen.

OH JA.

„Zieh dich warm an!", murmele ich. „Wir sind noch nicht miteinander fertig."

„Da bin ich aber gespannt!", ruft er und lacht. „Noch ein bisschen Schnee vielleicht?"
Ich drehe mich um und gehe. Wer nicht mein Freund sein will, den werde ich nicht zwingen. Ich habe Wichtigeres zu verdauen.

Gleich wird Jonas wach, und dann machen wir gemeinsam die kleine Morgenrunde. Ich sollte die Zeit genießen, solange ich die Familie noch um mich habe.

NOCH VIER TAGE.
96 STUNDEN.
5760 MINUTEN.

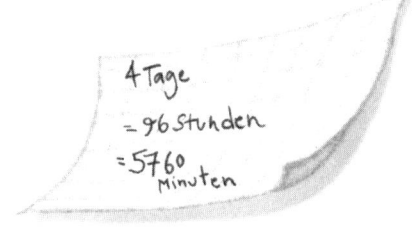

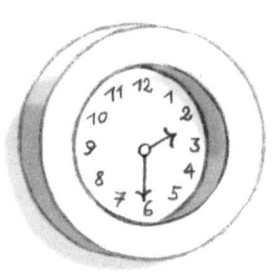

24. Februar, 14.30 Uhr

Nur noch **zwei Tage** bis zum TAG X.

FRAUCHENS ANKUNFT UND MEIN ABHOLTAG.
Ob sie mich dann wieder **Wuschel** nennen wird?
Das ist jetzt auch egal.
Vom coolen Familienhund Mister Dog zurück
zum ruhigen Fernsehzuschauer
Wuschel-Kuschel-Muschel.

Keine Kinder mehr, keine Spiele, keine Wettrennen, keine
Unternehmungen, keine Gute-Nacht-Runden, keine ...

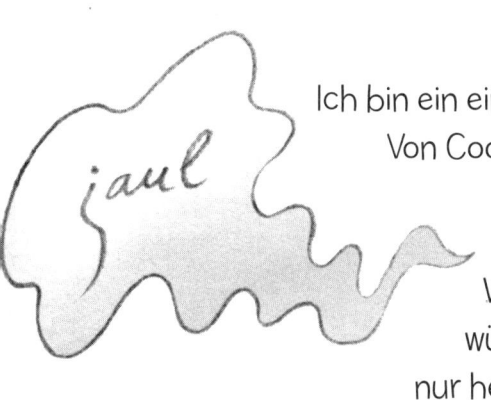

Ich bin ein einziges **Nervenbündel.**
Von Coolness keine Spur.

Wenn ich könnte,
würde ich die ganze Zeit
nur heulen.

Aber ich muss tapfer sein.
Damit die Kids nicht noch trauriger sind.
Denn Alissa und Jonas sind auch traurig, das sieht man.
Ständig fragen sie, ob ich nicht doch länger bleiben
könnte.

Selbst Luke wollte heute Morgen nicht zum Kindergarten gehen. „Kann Misserdog nicht mit mir mitkommen?
Ich sehe ihn immer nur ganz kurz", beschwerte er sich.

„Dann kann meine ganze Bärengruppe auf ihm reiten."
Beim Mittagessen meinte Jonas zu seiner Mutter, dass
er heute Abend auf die Karnevalsparty in der Schule
verzichten möchte, weil er die Zeit lieber mit
mir verbringen will.
„Ach Schatz, du wolltest dich doch als Zorro
verkleiden und hast dich so darauf gefreut!",
antwortete Sarah betrübt. „Ich bin sicher, Mister Dog
will auch nicht, dass du auf die Feier verzichtest."

149

Ich wedelte mit dem Schwanz und wollte ihm damit sagen, dass es okay ist. Er hatte mir schon ganz lange von dem Fest erzählt.

„Ich nehme nachher Mister Dog mit in mein Zimmer, bis du zurück bist", erklärte Alissa, „und werde ihm eine Geschichte vorlesen. Er mag das ganz gern. Danach schläft er sowieso bei dir. Und morgen können wir noch den ganzen Tag mit ihm verbringen. **Mama, warum kann er nicht noch ein paar Tage länger bei uns bleiben?"**

Sarah seufzte. „Wir wussten alle, dass er nur vier Wochen unser Gast sein würde. Leider ist die Zeit jetzt um, und Tante Klara kommt zurück. Aber jetzt wisst ihr, wie das Leben mit einem Hund ist."

JA, JETZT KÖNNT IHR EUCH EINEN WELPEN ANSCHAFFEN UND KAI KANN IHM BEIBRINGEN, WAS ER MÖCHTE.

150

SCHLUCK. SCHLUCHZ. JAUL ...

„Ich will aber keinen anderen Hund",
sagten Alissa und Jonas gleichzeitig.
„Nur Mister Dog!"
„Ich auch!" rief Luke. „Auf einem kleinen Hund
kann man nicht reiten!"

Ich schaute von einem zum anderen und hätte sie am
liebsten vor lauter Liebe abgeschleckt.
Sarah seufzte wieder. „Er wird mir auch fehlen." Sie
streichelte gedankenverloren meinen Kopf.

Nach dem Mittagessen saßen die Kinder im Esszimmer
und machten ihre Hausaufgaben. Ich begab mich zuerst
in meine Wanne und wollte ein Nickerchen machen.
Aber dann hörte ich das vertraute Vogelgekreische aus
der Küche, und mir fiel ein, dass ich mich noch für die
Sandattacke rächen wollte.

 EIN KLEINER SPASS WÜRDE MICH
VIELLEICHT ETWAS AUFHEITERN.

Ich überlegte einen Moment, dann hatte ich einen Plan:
Dassweeder war ja ziemlich schreckhaft. Und in Jonas'
Zimmer lag doch das schwarze Zorro-Kostüm ...

MAL SEHEN, WIE SEHR SICH **DER FRECHE VOGEL** ERSCHRECKEN WÜRDE, WENN MISTER ZORRO PLÖTZLICH VOR IHM STEHEN WÜRDE!

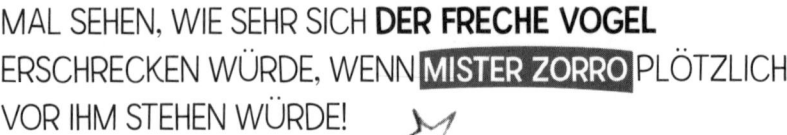

HA!

ENDLICH EIN KLEINER
LICHTBLICK IN DIESER GEDRÜCKTEN
ABSCHIEDSSTIMMUNG!

Ich lief die Treppe hoch und war froh, dass die Tür einen Spalt offen stand.

Der schwarze Mantelumhang, die Maske und der Zorro-Hut lagen quer über dem Schreibtischstuhl. Ich zog leicht daran, und als die Sachen auf dem Boden landeten, quetschte ich mich irgendwie unter den Umhang

und zog so lange daran, bis dieser sich um mich gewickelt hatte.

MIST!

Der Hut war unter Jonas' Computertisch gelandet. Den brauchte ich aber auf jeden Fall! Die Maske würde ich

nicht ohne Hilfe über meine Augen gezogen
bekommen, aber der Hut reichte vielleicht auch
schon, um den Papagei ein wenig zu erschrecken!
Ohne nachzudenken, sprang ich unter den PC-Tisch.
Da war er! Ich schob mich immer weiter darunter, bis
ich endlich den blöden Hut irgendwie über meine Ohren
gezogen hatte.
PRIMA. JETZT NUR NOCH UNBEMERKT IN DIE KÜCHE
GELANGEN ...

Doch was war das?

Ich steckte fest.
Es ging weder
vor noch zurück.

Sobald ich mich bewegte, bewegten sich Teile des
Computers bedrohlich mit.

153

Hilfe !!!

 **JONAS!** **BITTE KOMM UND BEFREI MICH!**
ICH WILL NICHT NOCH ZUM SCHLUSS
DEINEN PC KAPUTT MACHEN!

Sollte ich vielleicht bellen? Nicht bewegen und hoffen,
dass es von alleine klappt?
MINUTEN VERGEHEN, UND ICH SITZE IN DER FALLE.

Okay, je länger ich darüber nachdenke, desto blöder
erscheint mir die Idee mit dem Erschrecken. Dieses
gegenseitige Ärgern würde nur dann wirklich Spaß
bringen, wenn es abwechselnd so weitergehen könnte,
aber ich bin übermorgen schon weg ...

 Hilfe !!!

DER COMPUTER VIBRIERT!

Jede kleinste Bewegung hat zur Folge, dass sich auf
dem Tisch etwas verschiebt. Ich habe zusammen
mit dem Mantel wohl auch sämtliche Kabel um mich
gewickelt.

**WARUM HATTE ICH DAS VORHER
NICHT GESEHEN?
WAS TUN?**

Ich überlege, ob mir ein Ausweg einfällt, weiß aber, dass ich ohne menschliche Hilfe hier nicht unbeschadet herauskomme.

Also ich vielleicht schon, aber der PC nicht.

Wenn ich es versuche, dann werfe ich etwas herunter, das ist ganz sicher. Und das wäre dann für mich das unrühmlichste Ende aller Zeiten.

Ich bleibe also stehen und warte. Irgendwann wird Jonas hoffentlich kommen und mich befreien!

Nach einer gefühlten Ewigkeit höre ich, wie sie alle nach mir rufen.

Mister Dog! Wo bist du?

Mister Dog! Bei Fuß!

Komm her!

Die Stimmen von Jonas, Alissa, Luke, Sarah und Kai sind mir total vertraut ...

MOMENT MAL.
KAI???
WAS MACHT ER DENN ZU HAUSE?
NORMALERWEISE MÜSSTE ER NOCH ARBEITEN!

Hä?

Oh nein! Wenn ausgerechnet er mich so vorfindet, **dann gute Nacht, Freunde!!!**

Ich höre Schritte auf der Treppe. „Mister Dog! Bist du hier oben? Mister Dog?"

Es ist Sarah. Hoffentlich ist sie allein, und hoffentlich schimpft sie nicht mit mir!

Die Tür geht auf ...

„Misserdog! Hier bist du! Wir suchen dich überall!" Klein Luke kommt herein. „Was machst du unter dem Tisch? Bist du Zorro?

Cool! Die Maske fehlt noch! Warte!"

**NEIN, KEINE MASKE!
HILF MIR HIER RAUS, KLEINER MANN!**

Luke nimmt die Maske vom Stuhl.

„Komm her, Misserdog!"

**ICH WÜRDE,
WENN ICH KÖNNTE!**

Der Junge verzieht kurz das Gesicht. „Nie hörst du auf mich! Immer nur auf Jonas und Alissa! Aber Papa sagt, du hast die Uhrzeit beim Abholen nicht vergessen und mich vor dem Auto gerettet, **also bist du ein liiieber Hund!"**

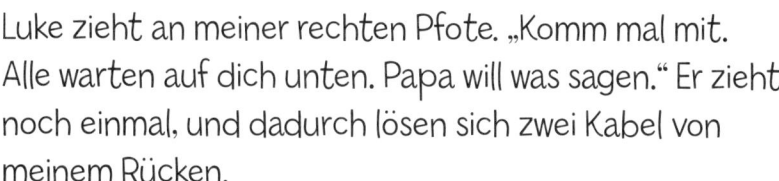

DAS HAT KAI GESAGT??? WIRKLICH???

Luke zieht an meiner rechten Pfote. „Komm mal mit. Alle warten auf dich unten. Papa will was sagen." Er zieht noch einmal, und dadurch lösen sich zwei Kabel von meinem Rücken.

Ganz vorsichtig robbe ich ein Stück nach vorn. Der Bildschirm wackelt wieder, bleibt aber stehen. Luke zieht an meinem Halsband. **„Jetzt komm doch, Misserdog!** Ich mache dir die Maske dran.
Dann bist du der **Zorro-Hund."**

Er schafft es irgendwie, dass ich wieder ein Stück weiter vorwärtskomme. Nur noch ein ganz kleines Stück und mein halber Körper hängt schon wieder draußen.
„Braver Misserdog. Du passt gut auf mich auf, hat Papa gesagt. **Du bist cool.** Warte, der Hut ist noch schief."
Während ich schon fast ganz draußen bin, setzt mir

Luke den Zorro-Hut fester auf den Kopf. „Witzig! Du bist fast so cool wie Dassweeder!"

Er wartet, bis ich mich aufrichte, und zieht mir dann die Maske über die Augen. Der Zorro-Umhang klebt irgendwie an meinem Rücken, und ich nehme an, dass ich jetzt **TOTAL IRRE** aussehe.

„Mister Dog! Luke! Hier seid ihr!" Sarah steht in der Tür. Ihre Augen werden kugelrund, und dann fängt sie an zu lachen. „Was hast du schon wieder mit dem armen Hund gemacht, Luke? Das ist doch Jonas' Kostüm."
„Das hat er ganz allein gemacht, ich habe ihm nur die Maske aufgesetzt", erklärt der Kleine.
„Er ist der coole **Zorro-Monster-Pony-Hund!** Das müssen die anderen sehen! Lauf zu Jonas, Mister Dog!"

ES BLEIBT MIR NICHTS ANDERES ÜBRIG, ALS IN MEINER VERKLEIDUNG HERUNTERZURENNEN. DAS HABE ICH NUN DAVON, DASS ICH DEN PAPAGEI ERSCHRECKEN WOLLTE.

Ich nehme mir vor, mich mit ihm zu versöhnen, bevor ich das Haus verlasse. Wenn er wirklich eifersüchtig auf mich war, dann muss ich ihm klarmachen, dass es dafür keinen Grund gibt.

 Im Esszimmer sitzt die übrige Familie und die Kinder bekommen einen **Lachanfall,** sobald sie mich erblicken.

Kai dagegen sieht seine Frau an und verdreht die Augen. **„Was hat er jetzt schon wieder angestellt?"** Luke klettert halb auf mich drauf, und ich lasse ihn auch. „Gar nichts, Papa! Misserdog wollte sich verkleiden. Es ist doch Karneval! Als was soll sich Dassweeder verkleiden? Vielleicht als Pirat so wie ich? Ich mache ihm eine Augenklappe drauf, ja?" „Untersteh dich!", ruft Sarah.

Jonas sieht seinen Vater an. „Und was jetzt? Du wolltest etwas sagen? Mister Dog weiß, dass er bald zurück, muss. **Er ist ein kluger Hund."**

JAWOHL, BIN ICH.
ABER DA KAI SCHON WIEDER SO KOMISCH GUCKT,
MACHE ICH MICH AUF ALLES GEFASST.

„Eigentlich will Papa es euch allen sagen, deshalb ist er früher nach Hause gekommen", erklärt Sarah. „Wir hoffen natürlich, dass Mister Dog das auch irgendwie versteht, aber vor allem haben wir für euch Kinder eine große Neuigkeit."

ICH SPITZE DIE OHREN.
WAS KOMMT JETZT?
HABEN SIE SCHON EINEN
WELPEN GEFUNDEN?

Kai grinst. Dann platzt es aus ihm heraus. **„Tante Klara hat ihre Reise verlängert!** Sie hat einen Mann kennengelernt und macht mit ihm eine Weltreise. Deshalb hat sie mich angerufen und gefragt, ob ich ... also, ob wir uns vorstellen könnten, dauerhaft auf Wusch... auf den Dog ... auf Mister Dog aufzupassen. **Und? Wollen wir das?"**

„Jaaaaa!", schreien die Kinder durcheinander. „Er bleibt also bei uns? Echt? Für immer?"

„Es sieht so aus", antwortet Sarah. „Ich schätze, die Antwort lautet JA."

WIE JETZT?

HABE ICH DAS RICHTIG VERSTANDEN?

ICH BLEIBE BEI MEINER FAMILIE?

UND FRAUCHEN HAT DAS VORGESCHLAGEN?

FÜR IMMER?

HIER IST JETZT OFFIZIELL MEIN ZUHAUSE?

Ich sehe alle fragend an, aber da mich die Kinder knuddeln und kraulen und ständig „Ja! Er bleibt bei uns! **Er ist unser Hund!"** schreien, fange ich an zu kapieren, dass es stimmt.

ICH BIN SPRACHLOS!
UND ICH KENNE NUR EINE REAKTION,
DIE EIN HUND VOR LAUTER
GLÜCKSGEFÜHLEN MACHT!
ICH FANGE AN, JONAS, ALISSA UND LUKE
ABWECHSELND ABZUSCHLECKEN.

„Aus! Damit fangen wir gar nicht erst an!",
ruft Sarah, aber sie lacht dabei,
also muss ich sie nicht ernst nehmen.

Erst als Kai **„Mister Dog! Aus! Pfui!"**
ruft, höre ich auf und schaue ihn
vorwurfsvoll an.

EY, SEI DOCH NICHT
SO EIN SPIELVERDERBER.
MAN WIRD SICH DOCH NOCH
FREUEN DÜRFEN!

Kai schüttelt den Kopf, lächelt aber auch. „Du bist
jetzt unser Familienhund. Ich möchte wissen, was wir
uns damit selbst eingebrockt haben. Da kommt noch
garantiert jede Menge Erziehungsarbeit auf uns zu",
sagt er. „Ich bin immer von so einem kleinen Hündchen

ausgegangen, das brav auf dem Schoß sitzt, immer gehorcht und überall hineinpasst."

DAS IST ES ALSO?

ER WILL EINEN HUND AUF DEM SCHOSS HABEN?
FINDE ICH ZWAR MERKWÜRDIG, ABER BITTE:
NICHTS LEICHTER ALS DAS.

Ich mache mich sofort sprungbereit und setze mich in seine Richtung in Bewegung. Eine meiner leichtesten Übungen, so gelenkig und schlank, wie ich nun mal bin. **„Oh mein Gott! Was macht der Hund da?",** ruft Kai, aber da lande ich auch schon volles Karacho auf seinem Schoß.

JUHU!

DA BIN ICH!

Aber aus irgendeinem Grund kann er mich nicht festhalten, und wir fangen beide an zu wackeln und kippen
seitwärts auf den Boden.

UUPSI!

OB ICH IHM ALS ENTSCHULDIGUNG DAS
GESICHT ABSCHLECKEN DARF?
LIEBER NICHT.
Sarah und die Kinder liegen vor Lachen auf
dem Boden, meine Zorro-Maske ist verrutscht,
und Kai hält mich mit einem verdutzten
Gesichtsausdruck fest. „Nein, nein, nein!", ruft er.
„Das machst du besser nie wieder, Mister Dog!"

DAS DACHTE ICH MIR DOCH.
DER TYP WEISS WIRKLICH NICHT,
WAS ER EIGENTLICH WILL!

DA KOMMT NOCH EINIGES AN ARBEIT AUF **MICH** ZU!!!

WUFF, WAU UND ...

GEHEIME
NAPFMELDUNG

Endlich Familienhund!

...HAPPY END!

Sabine Zett war als Journalistin tätig, bevor sie anfing, Kinderbücher, Romane, Drehbücher, Songtexte sowie Hörspiele zu schreiben. Insbesondere ihre humorvollen Kinder- und Jugendbücher wurden mehrfach ausgezeichnet und in viele Sprachen übersetzt. Die Autorin veranstaltet interaktive Lesungen mit dem Ziel, Kinder und Jugendliche fürs Lesen zu begeistern und die Sprachentwicklung zu fördern.

www.sabine-zett.de

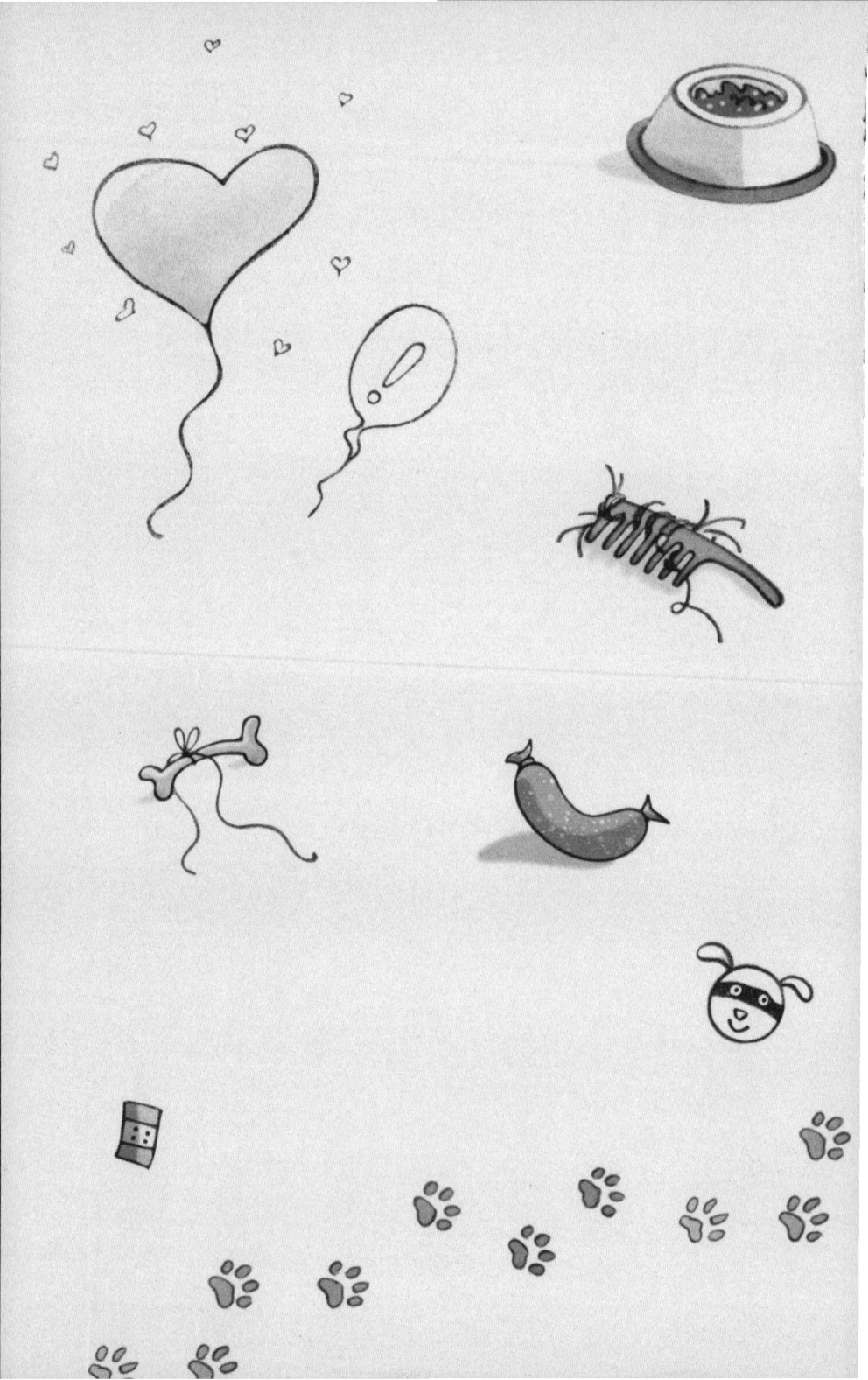